現地収録！

フランス語でめぐる
PARIS ［第2版］

杉山 利恵子 著
Rieko Sugiyama

the japan times 出版

※本書は、『現地収録！ フランス語でめぐるPARIS』（2014年5月20日初版発行）の第2版です。
無料音声ダウンロードとアプリに対応したほか、内容を見直し、最新情報にアップデートしました。

はじめに　Préambule

　花の都、芸術の都、そして光の都と呼ばれるパリ。そんなパリに住むパリジャンとパリジェンヌへのインタビューから生きたフランス語を学び、同時にパリについて知見を深めることができるのが、本書『現地収録！ フランス語でめぐるPARIS』です。

　制作にあたり、実際にパリに住む14人の方々に、さまざまなテーマについてインタビューを行いました。どの方も自分の体験を交えていろいろな話をしてくれました。紙面が限られているため、全部を収録できないのが残念です。

　彼らの中に外国人へのフランス語教育に携わっている人はいないので、話すスピードはナチュラルスピードです。意識して聞き取りやすいようにはっきりと発音するということもありません。話す人によっては聞き取りにくいと感じることもあるでしょうが、これこそ自然なフランス語だと言えます。

　本文の内容については、インタビューのトランスクリプト（音声の書き起こし）と訳だけではなく、語彙、文法、文化の説明、パリやパリにある建造物についての説明をなるべく丁寧にしました。また、学ぶ機会の少ない「話し言葉の特徴」についてもコラムで取り上げています。聞き取りの練習と併せて十分に活用していただけることを切に願っています。

　最後に、インタビューに答えてくださった14人の方に、感謝の気持ちを表したいと思います。どの方も大変協力的で、ほとんどの方に写真つき・フルネームでの掲載を快諾していただけましたので、各章の扉でご紹介しています。それから、この14人の方とコンタクトを取り、インタビュアー役を引き受けてくださったPatricia Poireyさんに、心から感謝いたします。Patriciaさんには校閲もお願いしました。また、ジャパンタイムズ出版の遠藤沙都子さんと西田由香さんにも大変お世話になりました。お礼申し上げます。

杉山利恵子

もくじ　Table des matières

- -

校正：中島伸子
装幀・本文デザイン：アーク・ビジュアル・ワークス
DTP組版：創樹
カバー、大扉写真：アフロ

音声収録時間：ナチュラルスピード 約69分（付属CD）
　　　　　　　　30％スロースピード 約90分（ダウンロード、アプリ特典）
音声編集：ELEC録音スタジオ

本書の構成　Structure du livre

▌インタビュー　Interview

　各章4本のインタビューは、パリで2013年10月、11月に、パリ・パリ近郊在住のネイティブ・スピーカー（一人を除く）に行って録音したものです。それぞれのインタビューは、収録されている部分より実際はもっと長く行われ、その中から抜粋しました。

　なるべくいろいろな職業・年齢の人に参加してもらいましたが、話し方は人によって異なり、比較的はっきりと発音して話す人もいれば、聞き取りにくい発音の人もいます。部分的に不明瞭な音や言い間違い、文法的に間違った表現、わかりにくい言い方、不完全な文などもあります（必要に応じて説明をつけてあります）。でもこれらは、台本などない日々の会話ではよく起きることです。また、インタビューは主としてカフェで行われたので、背景に人の話し声が聞こえることがあります。何の雑音もない会話は、ふだんの生活ではほとんどありません。実際に自分もカフェにいて、質問に答えてもらっているつもりで聞いてみましょう。

　トランスクリプトでは、読みづらく意味がとりにくくなるため、省略したものがあります。euh「ええと」は省略しました。次の語を探しているために繰り返される語は一つだけにし、言い直しがある場合は最後の語のみにしました（意識的に繰り返したものは除く）。インタビュアーの相槌や話を促す言葉も、話の区切り以外では省略しました。

　文法的な間違いや言い間違いには*をつけ、そのあとの［　］内に正しい形・語を書きました。足りない語を［　］内で補っているところもあります。句読点については、内容に合わせて適宜つけました。文が途中で途切れたところは … で示しました。

6

❶ **Note（注）** インタビューについて、必要な場合のみ注をつけています。

❷ **Vocabulaire（語彙）** トランスクリプト内ではグレー下線部分です。比較的難易度が高い語を選んで訳をつけています。動詞は不定詞の形に、形容詞は男性単数形にして示しています。

❸ **Grammaire（文法）** トランスクリプト内では色下線部分です。初級の終わりから中級にかけての文法事項や、話し言葉特有の現象を中心に取り上げて説明しています。

❹ **Culture（文化）** トランスクリプト内では色マーカー部分です。パリやフランスに固有の事項について解説をつけています。

❺ **訳** スクリプトの全訳です。

❻ **Piste（音声トラック）** 音声のトラック番号を表します。ネイティブ・スピーカーたちのインタビューと、インタビュアーのPatricia Poireyさんの音声が収録されています。Q（質問者）はPatriciaさんです。どの会話もナチュラルスピードですが、特典として、30%スロースピード音声をご用意しました。ご興味のある方はご活用ください。付属CDにはナチュラルスピード音声のみが収録されており、ダウンロードとアプリではナチュラルスピード・30%スロースピードの両方をご利用いただけます。音声のご利用方法については9ページをご参照ください。

2 章扉　Introduction

全7章、各テーマの紹介と、インタビューされた人たち Personnes interviewées の紹介をしています。名前が上段にある方の写真を上に載せています。

3 話し言葉の特徴　Traits particuliers du français parlé

各章最終ページでは、話し言葉に特徴的な文法事項を取り上げて、説明しています。

■ 固有名詞の表記について

フランス語では、固有の建物や場所など名称の場合、大文字の使い方について次のような原則があります。

- 人名・地名などの固有名詞が含まれる場合は、その語だけ大文字で書き始め、普通名詞は小文字で書き始める。
  - la tour Eiffel　エッフェル塔
  - la mairie de Paris　パリ市役所

- 普通名詞だけで構成されているときは、普通名詞も大文字で書き始める。形容詞が付いているときは、名詞の前に置かれていれば大文字で、名詞の後に置かれていれば小文字で書き始める。ただし名詞の後に置かれていても、トレデュニオンで結ばれている場合は大文字で書き始める。
  - l'Arc de Triomphe　凱旋門
  - le Grand Palais　グランパレ
  - le Quartier latin　カルチエ・ラタン
  - la Comédie-Française　コメディー・フランセーズ

- 普通名詞の場合でも、通りや橋など数多く存在するもののときは、そのあとに続く形容詞や補語が他と区別をしてその場所を特徴づける役割を持つので、そちらのみ大文字で書き始める。
  - le pont Neuf　ポン・ヌフ
  - la rue des Vignes　ヴィーニュ（葡萄畑）通り

- 冠詞をつけないで書くときは、大文字で書き始める。
  - Musée d'Orsay　オルセー美術館

- しかしながら最近は英語の影響で、小文字で書き始めるところを大文字にしているケースもよく見かける。
  - la Tour Eiffel　エッフェル塔
  - le Quartier Latin　カルチエ・ラタン

＊組織などが自分たちの名称の表記を、原則とは別に定めていることもある。

((音声のご利用案内))

本書の音声は、付属CDで再生することができます。
また、スマートフォン（アプリ）やパソコンを通じてMP3形式でダウンロードし、
ご利用いただくことができます。

スマートフォン

1 ジャパンタイムズ出版の音声アプリ「OTO Navi」をインストール

2 OTO Naviで本書を検索

3 OTO Naviで音声をダウンロードし、再生
3秒早送り・早戻し、繰り返し再生などの便利機能つき。学習にお役立てください。

パソコン

1 ブラウザからジャパンタイムズ出版のサイト
「BOOK CLUB」にアクセス
https://bookclub.japantimes.co.jp/book/b512475.html

2 「ダウンロード」ボタンをクリック

3 音声をダウンロードし、iTunesなどに取り込んで再生
※音声はzipファイルを展開（解凍）してご利用ください。

本書でご紹介している主な場所

- ❶ ルーヴル美術館
- ❷ オルセー美術館
- ❸ グラン・パレ
- ❹ シテ島
- ❺ サン・ルイ島
- ❻ コンシェルジュリー
- ❼ ベルシー地区
- ❽ カルチエ・ラタン
- ❾ サン・ジェルマン・デ・プレ
- ❿ マレ地区
- ⓫ リュクサンブール公園
- ⓬ フロン・ド・セーヌ
- ⓭ オペラ座
- ⓮ ヴィレット公園
- ⓯ ビュット=ショーモン公園

- ⓰ ペール=ラシェーズ墓地
- ⓱ チュイルリー公園
- ⓲ ブローニュの森
- ⓳ アンドレ・シトロエン公園
- ⓴ ガリエラ宮
- ㉑ ロダン美術館
- ㉒ ヨーロッパ写真美術館
- ㉓ ポンピドゥーセンター
- ㉔ ジャックマール=アンドレ美術館
- ㉕ シャン・ド・マルス公園
- ㉖ パレ・ロワイヤル
- ㉗ エッフェル塔
- ㉘ デファンス地区
- ㉙ セーヌ川

*矢印の方向に流れています。

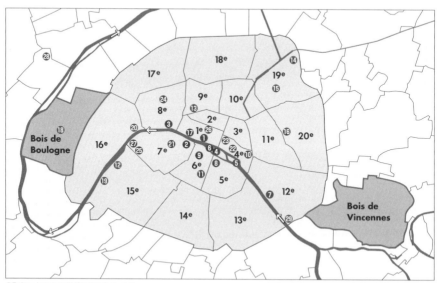

©Rainer Lesniewski/Shutterstock.com

Chapitre 1 建物と地域

パリは町全体が美術館だとよく言われます。これには、世界的に知られた歴史的建造物が多いことがまずあげられますが、それだけではありません。法律によって建物の建て替えや解体が原則として禁止されているため、一般に数多くの古い建物が当時の姿のまま保存されているからです。地区によっては、アールヌーヴォー様式の建物めぐりができるところもあります。今は住む人のいなくなった古い個人邸宅も、美術館や区役所、教育施設として活用している例が数多くあります。

それぞれの区によって違いがあるのも、パリの一つの特徴です。パリの北東は庶民的で移民の住む区が多いのに対して、南西はブルジョワ的とも言われ、高級住宅街で知られる区もあります。

Personnes interviewées

(写真) Magali BORGERS / 女性 / 40歳 / カーデザイナー / パリ・パリ近郊在住10年
Bernard PIERRE / 男性 / 42歳 / インテリアデザイナー / パリ・パリ近郊在住40年

お薦めスポット

Q : **Quels sont d'après vous les lieux <u>incontournables</u> de Paris, les endroits à voir absolument ?**

Magali : Alors, <u>il y a les grands musées</u>, qu'on peut visiter bien sûr à Paris, le Louvre, avec notamment le nouveau département des Arts islamiques, qui peut être intéressant à voir...

Bernard : qui vient d'être ouvert cette année ou l'an dernier.

■ Vocabulaire

- incontournable　不可欠な
- département (*m.*)　部門

■ Grammaire

- **il y a les grands musées**　「大きな美術館がある（あげられる）」「～がある」という存在をあらわす il y a のあとでは、名詞には不定冠詞や部分冠詞が付き、ふつう定冠詞は付かない（こういう il y a の文を「場所存在文」という）。だが、ここは「パリで見るべきものは何か」という問いに答えて、「パリで見るべきもの」というリストにあるものをあげている文である（こういう il y a の文を「リスト存在文」という）。この用法の場合は、名詞に定冠詞が付く。

ルーヴル美術館　©meunierd/Shutterstock.com

質問者: お二人の意見では、パリで欠かせない場所、絶対に見るべき場所はどこ？

マガリ: もちろんパリで訪れることができる大きな美術館ね。ルーヴル、特に新しいイスラム美術部門は、見て面白いんじゃないかしら。

ベルナール: オープンしたばかりだね、今年か去年かに。

Culture

■ **le Louvre (le musée du Louvre)**　ルーヴル美術館。パリのほぼ中心の、セーヌ川右岸沿いにある国立の美術館・博物館。世界最大級であり、世界で最も入場者数の多い（2018年は約1,020万人）美術館である。展示作品数は約35,000点、所蔵数はその10倍以上と言われる。『ミロのヴィーナス』やダ・ヴィンチの『モナリザ』など誰もが知っている傑作も数えきれない。19世紀前半までの作品を所蔵する（それ以降19世紀後半はオルセー美術館、20世紀以降はポンピドゥーセンターの国立近代美術館と、時代によって分けられている）。

　建物は、もともと12世紀にフランス王フィリップ2世が築かせた城塞で、当時ここがパリの最西端であった。ルーヴル美術館の地下展示室では、1980年代に行われた大改築の際に発掘された、壮大な城塞の遺構を見ることができる。その後、王の居城として増改築が繰り返され、王が住まなくなってからはフランス学士院（国立学術団体）のアカデミーが置かれるなど、いろいろな使われ方をしたのち、1793年に美術館として開館した。2012年12月には、フランス北部の都市ランスLensに別館「ルーヴル・ランス」Le Louvre-Lensがオープンしている。

■ **le département des Arts de l'Islam**　（こちらが正しい名称）イスラム美術部門。ルーヴルには8つの部門「古代エジプト美術部門」「古代オリエント美術部門」「古代ギリシャ・エトルリア・ローマ美術部門」「イスラム美術部門」「彫刻部門」「絵画部門」「工芸品部門」「素描・版画部門」があるが、このイスラム美術部門は2003年創設の最も新しい部門である。2012年9月には、ヴィスコンティの中庭la cour de Visconti と呼ばれる、建物に囲まれた方形の庭を掘り下げて、地上階と地下階から成る新しい展示スペースが完成した。地上階の緩やかに波打つ屋根が特徴的である。

Magali : L'an dernier, je crois, en 2012, le nouveau département, avec bien sûr, le <u>contenu</u> qui est très intéressant, mais aussi l'environnement architectural, <u>parce qu'ils ont utilisé</u>, <u>enfin</u>, c'est au centre d'une cour, recouverte par un grand voile de verre et une structure métallique.

Bernard : <u>Ce qui est intéressant dans le nouveau Louvre, c'est la façon</u> dont l'architecture moderne <u>s'insère dans</u> le...

Magali : dans <u>le classique</u>...

Bernard : dans le classique et dans l'ancien.

Magali : Donc, ils ont gardé ce principe, tel qu'on avait la Pyramide de Pei avec l'environnement du Louvre. Là, on a également une structure contemporaine insérée dedans. Donc c'est intéressant, je pense. Musée d'Orsay ?

■ Vocabulaire

● contenu (*m.*)　内容、中身
● s'insérer dans ～　～に溶け込む

■ Grammaire

● **parce que**　「なぜなら」　くだけた話し言葉では、rの音が脱落して［pask］と発音される。
● **ils ont utilisé**　「彼らは使った」　このilsは、前に出てきた名詞を受けているのではなく、漠然と担当者たちを指している（p.190参照）。
● **enfin**　「と言うか、と言うより」　前言を訂正・補足・制限して言い直すときに使う。
● **Ce qui est intéressant dans le nouveau Louvre, c'est la façon de...**　「新しいルーヴルで興味深いのは、…の方法だ」　ce qui..., c'est ～「…なのは～だ」の構文。quiは関係代名詞。
● **le classique**　「古典的なもの」　形容詞を男性単数の形で抽象名詞として使うことがある。

マガリ：去年だと思うわ、2012年。その新しい部門は、内容はもちろん、建築環境もとても興味深いの。使われたのは、と言うか、中庭の真ん中にあって、大きなガラスのヴェールと金属の骨組みで覆われているのよ。

ベルナール：新しいルーヴルで興味深いのは、現代建築の溶け込み方だね、あの中への…。

マガリ：古典的なものの中への…。

ベルナール：古典的なもの、古いものの中へのね。

マガリ：つまり、原則を守ったのね、ペイのピラミッドとルーヴルの環境との間にあったような原則ね。あれもまた、現代的構造があの中に溶け込んでいるものよね。だから興味深いと思うわ。あとオルセー美術館かしら？

Culture

■ **la Pyramide** （ルーヴルの）ピラミッド。1989年に大ルーヴル計画le Grand Louvre（ルーヴルの大改築）の一環として、ルーヴル美術館の中庭であるナポレオン広場la cour Napoléonに作られたガラス張りのピラミッド。設計は建築家イオ・ミン・ペイ Ieoh Ming Pei。ルーヴル美術館のメイン・エントランスとして使用されている。建設当初は、ルーヴルの歴史的建築にそぐわないとの非難の声が多かったが、現在はすっかり溶け込み、夜のライトアップも美しい。

■ **le musée d'Orsay** オルセー美術館。セーヌ川を挟んでルーヴル美術館の斜め向かい、左岸沿いにある美術館。原則として1848年から1914年までの作品を扱う。モネ、ルノワール、セザンヌなどの印象派の名作が数多く収蔵されていることで知られる。

建物は、もとは1900年開催のパリ万国博覧会に際して作られた、オルレアン鉄道の終着駅オルセーの駅舎だった。外側は伝統的な石造建築で、内部は鉄材とガラスを用いた優美な駅舎だったが、運輸事情の変化により使われなくなり、その後いろいろと利用されたものの、とうとう解体されることになった。しかし、激しい抗議運動がおこり、美術館として再生させることが決定、1986年に完成した。2011年には改装工事が終わり全館がリニューアル、傑作の数々をより一層魅力的に見せる展示空間になった。

Bernard : Ouais, alors il y a les... comme les grands musées classiques, le musée d'Orsay, le musée du Louvre et puis aussi les grandes expositions temporaires qu'y a souvent au...

Magali : au Grand Palais.

Bernard : au Grand Palais. Alors là, c'est des grands-messes, avec beaucoup de monde, des grandes expositions, une grande affluence. Mais c'est souvent des expositions qui valent vraiment le coup, puisque c'est des choses qu'on voit pas toujours, de manière régulière.

Magali : des grandes rétrospectives en général, vraiment très bien mises en scène.

■ Vocabulaire

● temporaire 「一時的な」という意味だが、ここではその展覧会が常設展ではなく、期間が限られた特別展であることを言っている。
● affluence（f.） 人込み
● valoir le coup やってみるだけの価値がある
● rétrospective（f.） 回顧展

■ Grammaire

● **ouais** ouiのくだけた形。
● **y a** = il y a。くだけた話し言葉では、il y aのilがしばしば脱落する（p.74参照）。
● **c'est des grands-messes** 「それは大祭典である」 複数名詞を指すときはce sontを用いるが、話し言葉ではc'estを用いることも多い。
● **des grandes expositions** 「大展覧会」〈形容詞＋複数形名詞〉の前では不定冠詞desはdeになるが、話し言葉ではdesのままのことも多い。
● **on voit pas** = on ne voit pas。話し言葉ではよくpasだけで否定を表す（p.46参照）。
● **de manière régulière** 「定期的に」 de [d'une] manière ＋形容詞は「～なやり方で」だが、副詞形とほとんど同じ意味になることも多い。ここはrégulièrementと言い換えられる。

ベルナール：そうだね、よく知られた大美術館としては、オルセー美術館、ルーヴル美術館があるし、それに大きな特別展もあるね、よく行われるよ、あそこで…。

マガリ：グラン・パレで。

ベルナール：グラン・パレでね。　あれは大祭典だね、たくさんの人がいて、大展覧会があって、大混雑していて。でも、たいていは本当に見に行く価値のある展覧会だよ、だって、いつも定期的に見ることができるものじゃないからね。

マガリ：一般に大回顧展ね、本当にとてもよく演出されているわ。

Culture

■ **le Grand Palais**　グラン・パレ。1900年のパリ万博のメイン会場として建設された、鉄骨とガラス張りのドーム屋根を持つ堂々とした建物。現在は大きく3つの部分に分かれ、グラン・パレ国立ギャラリーles Galeries nationales du Grand Palaisでは国際的で大規模な企画展が開催される。la Nefと呼ばれる中央スペース部分は、多彩な目的で使われる展示会場となっている。さらに「発見の殿堂」le Palais de la Découverteという名の科学技術博物館がある。
　道を挟んで東隣りには、グラン・パレと向かい合う形でプチ・パレle Petit Palaisがあり、間の道を南に少し行くと、パリで一番豪華な橋と言われるアレクサンドル3世橋le pont Alexandre Ⅲがあるが、この2つもグラン・パレと同様、1900年のパリ万博に際して建設されたものである。プチ・パレは現在、パリ市立美術館になっている（パリの市立美術館・博物館では常設展は無料である）。

グラン・パレ　©Ritu Manoj Jethani/Shutterstock.com

Bernard : Et puis, moi à Paris, ce que j'aime beaucoup personnellement, c'est tous les quais de Seine, en fait. Donc, c'est la vue sur l'île de la Cité depuis la passerelle des Arts, le pont Neuf, la Conciergerie, tout cet ensemble, qui est d'ailleurs classé au patrimoine mondial de l'humanité, qui est absolument unique et remarquable. Et c'est vrai que, quand les beaux jours sont là, c'est des endroits absolument magnifiques à regarder.

Magali : D'autant que, en fait, la plupart des quais ont été réaménagés très récemment. Ça a ouvert au printemps de cette année. Et donc, il y a tout un ensemble d'endroits où on peut boire un verre, écouter de la musique, faire des promenades un petit peu de santé, des parcours sportifs. Et ça, pratiquement sur tous les quais.

■ Vocabulaire

- patrimoine mondial（*m.*）世界遺産
- d'autant que ～　～であるだけに
- parcours sportif（*m.*）アスレチックコース

■ Grammaire

- **ce que j'aime beaucoup personnellement, c'est tous les quais de Seine**「僕が個人的に大好きなのは、セーヌ河岸全体だ」 ce que..., c'est ～「…なのは～だ」の構文。queは関係代名詞。p.14 Grammaire 上から4つ目と基本構造は同じだが、関係代名詞が違っている。
- **en fait**「実際」 en fait は一般に「（ところが）実際には」あるいは「（そして）実際に」の意味だが、話し言葉では、深い意味なしに、単なる口癖として使われることも多い（日本語の「実際」にも似たような使い方が見られる）。
- **la plupart des quais ont été réaménagés**「大部分の河岸は再整備された」 la plupart de ～が主語として使われるとき、動詞は、deに続く名詞に一致させて3人称複数形にする。この文は受動態の文だが、過去分詞も同様にdeに続く名詞に一致させる。

ベルナール：それから僕がパリで個人的に大好きなのは、セーヌ河岸全体だね。芸術橋からのシテ島の眺めや、ポンヌフや、コンシェルジュリーや、そのあたり全体だね。世界遺産になっているし、まったくユニークで素晴らしいよ。本当に、天気のいい日は、眺めるのにとても素晴らしい場所だよ。

マガリ：それに、ごく最近、河岸の多くの場所が再整備されたしね。今年の春にオープンしたのよ。一杯飲んだり、音楽を聴いたり、ちょっとした健康ウォーキングをしたり、アスレチックコースを体験したりすることができる場所があちこちにあって、しかもそれがほとんど河岸全体に広がっているんだから。

Culture

■ **la Seine** セーヌ川。パリの中心を東から西に流れる川。セーヌ川の北側がセーヌ右岸、南側がセーヌ左岸となる。中州にはシテ島 l'île de la Cité（西側）とサン・ルイ島 l'île Saint-Louis（東側）がある。サン・ルイ島の東端をかすめて架かるシュリー橋 le pont de Sully からエッフェル塔の足下にあるイエナ橋 le pont d'Iéna までの「パリのセーヌ河岸」Paris, rives de la Seine は、世界遺産に登録されている。

■ **l'île de la Cité** シテ島。セーヌ川の中州に2つ並んだ島のうちの西側の島で、パリ発祥の地。パリの町はここから同心円状に広がっていった。ノートルダム大聖堂 la cathédrale Notre-Dame de Paris はこの島にある。

■ **la passerelle des Arts (le pont des Arts)** 芸術橋（ポン・デ・ザール）。セーヌ川に架かる37の橋の一つ。歩行者専用のシンプルな鉄製の橋で、ルーヴル美術館の東側と左岸とを結ぶ。

■ **le pont Neuf** ポンヌフ（新橋）。セーヌ川に架かるパリ最古の橋。シテ島の西側の端を通り抜けて右岸と左岸を結んでいる。「新橋」の名称は、当時の橋は木造だったのに対して、この橋は石造りであったことと、当時、橋の両側には道と同じように建物が建ち並んでいたが、この橋には両側に建物がなく、川を渡るためだけに作られた新しいタイプの橋だったことによる。

■ **la Conciergerie** コンシェルジュリー。セーヌ川のシテ島にあるかつての監獄。もとは王の居城で、王宮の高官コンシェルジュ concierge の管轄下にあったことからこの名がある。現在、一部が歴史を伝える博物館として公開されている（残りの部分は、裁判所と警視庁の一部として使用）。フランス革命の際にはここに数多くの王族・貴族が収容され、マリー・アントワネットも処刑前の2か月半をここで過ごした。当時の様子が再現された彼女の独房を見学することができる。

Bernard : Enfin, il y a une partie toute récente, qui est celle vers Bercy, là dans l'est de Paris.

Magali : C'est la plus récente.

Bernard : Alors moi, c'est vrai que, moi, mon quartier préféré, c'est là où j'ai été étudiant. C'est le Quartier latin. Donc c'est autour de Saint-Germain-des-Prés, du boulevard Saint-Michel, de la rue Bonaparte, où y a des cafés célèbres, comme le café de Flore ou les Deux Magots. Et c'est des lieux qui sont chargés d'histoire, dans les années 60, autour de Jean-Paul Sartre. Donc, c'est des lieux, pour les Parisiens et pour les gens qui ont vécu ou qui ont étudié à Paris, c'est des lieux qui sont emblématiques et dans lesquels on aime aller se promener.

■ Vocabulaire

● dans les années 60　（19)60年代に
● emblématique　象徴的な、シンボル的な

■ Grammaire

● **une partie toute récente**　「ごく最近できた部分」　副詞のtout「まったく、すっかり」は、子音または有音のhで始まる女性形容詞の前でのみ性数一致をして、toute、toutesとなる。

ベルナール：最後に、ごく最近できた部分があるよ、ベルシーのほうの部分、パリの東部にある。

マガリ：そこが一番新しいわね。

ベルナール：僕はね、確かに僕のお気に入りの地区は、僕が学生だった場所だね。カルチエ・ラタンだよ。つまり、サンジェルマン・デ・プレやサン・ミシェル大通りやボナパルト通りのあたり。カフェ・ド・フロールやレ・ドゥ・マゴのような有名なカフェのあるところだよ。60年代、ジャン＝ポール・サルトルを中心にした歴史あふれる場所だね。だから、パリジャンたちやパリに住んだりパリで勉強したりした人たちにとっては、象徴的な場所であり、好んで散歩をしに行く場所になっている。

Culture

■ **Bercy**　ベルシー。セーヌ川右岸沿いのパリ東部の地区で、かつてはワインの集積地だった。対岸の地区とともに、20世紀末からのパリの再開発で最も大きく変化した地区である。ベルシー公園 le Parc de Bercy（p.45参照）、立ち並ぶ元ワイン倉庫をおしゃれな店やレストランなどに改築したベルシー・ヴィラージュ Bercy Village、大きなスポーツ大会やコンサートが開かれるパレ・オムニスポール・ド・パリ・ベルシー（ベルシー体育館）Palais omnisports de Paris-Bercy など、話題のスポットがある。

■ **le Quartier latin**　カルチエ・ラタン。セーヌ川左岸にある学生街。「ラテン語の地区」という意味で、かつてはどんな学問もラテン語で行われ、講義もラテン語であったことに由来する。大学や高等教育機関が多くある。

■ **Saint-Germain-des-Prés**　サン・ジェルマン・デ・プレ。パリの真ん中、セーヌ川左岸に位置し、パリ最古の教会サン・ジェルマン・デ・プレ教会を中心とした歴史ある地区。かつては、芸術家や知識人が多く集まり、パリの知的中心地であった。現在はしゃれた店の多い商業的なエリアとなっている。

■ **le boulevard Saint-Michel**　サン・ミシェル大通り。カルチエ・ラタンを南北に走る、中心的大通り。

■ **le café de Flore**　カフェ・ド・フロール。サン・ジェルマン・デ・プレにある歴史ある老舗のカフェ。かつてはピカソやダリなど芸術家の溜まり場となっていた。世界的に高名な哲学者のカップル、サルトルとボーヴォワールはここを書斎代わりにしていたという。

■ **les Deux Magots**　レ・ドゥ・マゴ。道を挟んでカフェ・ド・フロールの隣にある、こちらもまた有名なカフェ。店名のドゥ・マゴ「2つの中国人形」は、店内に飾られている人形に由来する（もともと「ドゥ・マゴ」はここにあった流行品の店の名で、人形はその店の看板だったが、店がカフェにかわってからもそれを受け継いだ）。このカフェも世界に名立たる芸術家や文学者たちに愛された。

■ **Jean-Paul Sartre**　ジャン＝ポール・サルトル。20世紀を代表するフランスの実存主義の哲学者、小説家、劇作家。著書に『存在と無』*L'Être et le Néant*、小説『嘔吐』*La Nausée*、など。

Magali : Il y a aussi le quartier du Marais, avec la place des Vosges, très agréable aussi. Un des quartiers les plus anciens de Paris, où on peut voir, je pense, les constructions les plus anciennes, qui datent du Moyen Âge ; le Quartier latin, donc on l'a dit, le Luxembourg, un des jardins que j'affectionne particulièrement sur Paris, où j'ai aussi pu me promener assez souvent quand j'étais étudiante, voilà. Comme quartier, le quartier de Sèvres-Babylone aussi, avec le Bon Marché, un des premiers grands magasins parisiens, l'élégance parisienne, voilà, qui rappelle un petit peu *Au Bonheur des Dames*, l'œuvre de Zola.

■ Vocabulaire

● Moyen Âge（*m.*） 中世。伝統的な西洋史では一般に、西ローマ帝国の滅亡（476年）から東ローマ帝国の滅亡（1453年）、すなわち5世紀から15世紀の時代をさす。
● affectionner　とりわけ好む

■ Grammaire

● **sur Paris** 「パリで」 最近の話し言葉では、àとほとんど同じ意味でsurを使うことがある。surには空間の広がりを表す意味（「～にわたって」）があるので、もともとはsur Parisは「パリのあちこちを巡って」のニュアンスだったが、それがだんだんàと変わらない意味で用いられるようになった。

マレ地区の石畳の通り　©Alexandre Rotenberg/Shutterstock.com

マガリ：マレ地区も欠かせないわね、とても気持ちのよいヴォージュ広場があって。パリで最も古い地区の一つで、中世にさかのぼる最も古い建物を見ることができると思うわ。カルチエ・ラタン、これは言ったわね。リュクサンブール公園、私がパリで特に好きな公園の一つで、学生のときにけっこうよく散歩することができた場所よ。地区としては、セーヴル・バビロンの界隈もね。パリの最初のデパートの一つボン・マルシェがあって、パリのエレガンスね。ゾラの小説『ボヌール・デ・ダム百貨店』をちょっと思い出させるの。

Culture

■ **le Marais**　マレ地区。セーヌ川右岸、パリの中心からやや東に広がる地区。セーヌ川を挟んでサン・ルイ島の向かいに位置する。フランス革命（1789年）以前の美しい貴族の邸宅が残る歴史的な地区で、ユダヤ人街もある。その名はかつてこのあたりが沼 le marais だったことに由来する。現在は、情緒ある街並みにおしゃれなブティックやギャラリーが立ち並ぶ人気のエリアになっている。

■ **la place des Vosges**　ヴォージュ広場。17世紀初めに建造された、マレ地区にある正方形の広場。広場を取り囲む赤いレンガの館が美しい。フランス革命前は「王の広場」la place Royaleと呼ばれ、貴族たちの社交の場だった。

■ **le Luxembourg (le jardin du Luxembourg)**　リュクサンブール公園。パリ左岸6区、カルチエ・ラテンにほど近いところにある。マロニエの並木、大きな池、広い芝生、咲き乱れる花々、数々の彫像などで彩られたこの公園は、パリ市民にとって憩いの場である。北側にあるリュクサンブール宮殿le palais du Luxembourgは、現在は上院の建物として使われている。子どもたちのための広い遊び場やあやつり人形劇の劇場もあり、ポニーの騎乗もできる。広場では無料の音楽公演も行われる。

■ **Sèvres-Babylone**　セーヴル・バビロヌ。セーヌ川左岸、パリ中央部からやや南寄りの、6区と7区の境にあるメトロの駅の名。ボン・マルシェ（次項参照）の最寄り駅。

■ **le Bon Marché**　ボン・マルシェ。セーヌ左岸7区にあるデパート。ブシコーBoucicaut夫妻によって1852年に作られた世界初のデパートである。当時は、美術館のギャラリーのような読書室もあり、新聞や雑誌を読んだり、おしゃべりを楽しんだりすることもできた。ステンドグラスの天井をはじめ、随所に残る建築当時の装飾が美しい。建物の鉄組みの設計には、かのエッフェル塔（p.157参照）を設計したエッフェルが協力している。別館の食品館la Grande Épicerie de Parisには世界各地からの食料品が揃っている。

■ *Au Bonheur des Dames*　『ボヌール・デ・ダム百貨店』。1883年に出版されたエミール・ゾラの小説。百貨店をテーマにした小説で、ゾラはボン・マルシェの資料を参考にして書いたと言われている。

■ **Zola (Émile Zola)**　エミール・ゾラ（1840～1902）。フランスの自然主義文学者。代表作に『ナナ』*Nana*、『居酒屋』*L'Assommoir*、『ジェルミナール』*Germinal*。

建 物 の 特 徴

Q : **Alors, quelles sont les caractéristiques de l'architecture et des règles d'urbanisme à Paris ?**

Bernard : Alors, il faut savoir qu'à Paris... c'est sans doute l'une des villes les plus réglementées au monde en matière d'urbanisme. Et par exemple, s'y a quelques quartiers avec des tours, ça a été des opérations extrêmement localisées dans le temps et dans l'espace. Et en général, dans Paris, on n'a pas le droit de construire des tours. En général, il y a ce qu'on appelle un gabarit, dans Paris, on peut construire des immeubles de cinq étages avec des toits mansardés, avec des façades qui sont relativement alignées sur la rue. Et on n'a pas le droit, a priori, de déborder de ce gabarit, sauf conditions exceptionnelles, donc, ce qui donne à Paris, en général, sa grande unité, parce que toutes les rues sont construites selon ce gabarit.

■ Vocabulaire

- urbanisme (*m.*) 都市計画
- réglementé 規制された
- en matière de 〜 〜に関して
- tour (*f.*) 高層ビル
- localisé 局限された
- gabarit (*m.*) 規格
- aligné 一列に並んだ
- déborder de 〜 〜を逸脱する

■ Grammaire

- **s'y a** この si は「…であるのは」という意味で、次に理由・説明の文が続く。si..., c'est 〜「…であるのは、それは〜ということだ」という形でよく使われる。y a は il y a のくだけた形（p.74参照）。
- **dans Paris** 「パリ市内で」 à Paris が、パリ以外の都市との対比で「パリで」であるのに対して、dans Paris はパリ郊外との対比で「パリ市内で」を表す。
- **sauf conditions exceptionnelles** 「例外的な条件がない限り」〈sauf＋無冠詞名詞〉は「〜でない限り」の意味になることがある。熟語になっているものも多い：sauf erreur「思い違いでなければ」

♪ Piste 2

質問者: では、パリにおける建築の特徴や都市計画の規定にはどんなものがある？

ベルナール: そうだね、知る必要があるのは、パリでは…［パリは］都市計画に関して、世界で最も規制が厳しい都市の一つだということだね。例えば、高層ビルのあるいくつかの地区があるけど、それは時代と場所において、きわめて限定的に行われたことなんだ。一般にパリ市内では、高層ビルを建設することは許されていない。一般に、パリ市内には規格と呼ばれるものがあり、マンサード屋根と道沿いにほぼ一列に並んだファサードを持つ、6階建ての建物を建てることはできる。そしてアプリオリには、例外的な条件がない限り、この規格を逸脱することは許されていない。だから、それによってパリに大いなる統一性が生まれているんだ。すべての通りがこの規格に従って建てられているからね。

Culture

■ l'immeuble de cinq étages　6階建ての建物。étageは「階」だが、フランスでは1階はrez-de-chausséeで、2階からétageを使ってpremier étage、deuxième étageと呼んでいくので、「6階建ての建物」の意味になる。

■ le toit mansardé　マンサード屋根。寄棟屋根（屋根面が4方向に傾斜している屋根）で、勾配がゆるい上部と急な下部の2段階の勾配を持つ屋根のこと。17世紀のフランスの建築家マンサールが考案したとされる。中に設けられた屋根裏部屋は、かつては一般に使用人の部屋だった。天井が屋根の形に勾配して窮屈で、外気温の影響を直に受けて暑さ寒さも厳しく、劣悪な住空間だったからである。それに対して、金持ちは建物の2階や3階（1階は店や事務所が入っていることが多い）に住むのが常だった。建物の階は、住む人の社会的地位や経済力を反映していた。この傾向は現在でもある程度残る。

■ la façade　ファサード。建物の正面部分のこと。

Une autre particularité de Paris, c'est les boulevards, les boulevards <u>haussmanniens</u>, qu'ont été mis en place par le Baron Haussmann à la fin du XIXe siècle. Et le but du jeu, c'était d'<u>en finir avec</u> la ville un peu <u>archaïque</u> du vieux Paris, pour offrir <u>un Paris moderne</u> pour l'époque, avec des grandes <u>artères</u>, où on pouvait circuler librement, où éventuellement on pouvait aussi <u>réprimer</u> les <u>révolutions</u> telles qu'il y en avait beaucoup au XIXe siècle et puis aussi, par là, même régler des problèmes <u>sanitaires</u>, d'<u>égouts</u>, de <u>luminosité</u>. Donc, <u>c'est ce qui a façonné, vraiment, le Baron Haussmann, au travers de son gabarit et de ses grands boulevards</u>..., c'est ce qui a façonné le Paris que tout le monde connaît aujourd'hui.

■ Vocabulaire

- haussmannien　オスマンの（Culture 参照）
- en finir avec ～　（いやな物事・人）に決着をつける
- archaïque　古くさい
- artère（f.）　幹線道路
- réprimer　鎮圧する
- révolution（f.）　暴動
- sanitaire　公衆衛生の
- égout（m.）　下水
- luminosité（f.）　明るさ

■ Grammaire

- **qu'ont été mis** = qui ont été mis　くだけた話し言葉では、qui は母音の前で qu' になる。
- **le vieux Paris**「古いパリ」　都市名には一般に冠詞を付けないが、形容詞や補語（〈de ～〉などで名詞を説明する要素）によって時期が限定されるときには、定冠詞を付ける：le Paris du XIXe siècle「19世紀のパリ」
- **un Paris moderne**「近代的な（姿の）パリ」　これも都市名に形容詞が付いているが、上とはまた違う。形容詞や補語が、ある性質、特徴、状態を表している場合は、可能性としてあり得るいろいろな姿のうちの一つを示す、という意味で不定冠詞が付く。ふつうは定冠詞をつける国名でも同様である：On prévoit pour demain une France ensoleillée.「明日はフランス全土で晴れの予報だ」
- **c'est ce qui a façonné, vraiment, le Baron Haussmann, au travers de son gabarit et de ses grands boulevards**「それがまさに、オスマン男爵、彼の規格と彼の大通りを通して、作り上げた」 le Baron Haussmann は動詞 façonner の目的語ではなく、次に出てくる son / ses を導くために、構文から切り離されて出されたものである。façonner の目的語はなく、この文は不完全なままで終わっている。

　もう一つのパリの特徴は大通り、19世紀末にオスマン男爵によって整備されたオスマンの大通りだね。この事業の目的は、昔のパリの少し古くさい町と決別して、その時代にとって近代的なパリを提供することだった。大きな幹線道路を作って、自由に通行できるように、またもしもの時には19世紀に多くあったような暴動を鎮圧できるようにした。それによってまた衛生上の問題、下水や明るさの問題を解決することさえできたんだ。つまりそれがまさに、オスマン男爵の、彼の規格と彼の大通りを通して…、それが今日みんなが知っているパリを作り上げたんだよ。

Culture

■ le Baron Haussmann（Georges-Eugène Haussmann）　ジョルジュ＝ウジェーヌ・オスマン男爵（1809〜1891）。政治家。第二帝政時代（皇帝ナポレオン3世の時代）、セーヌ県知事として1853年から1870年にかけて、ナポレオン3世とともにパリの大改造という都市整備事業を行った。狭く曲がりくねって暗く不衛生だった路地の街並みを一掃して、広い直線道路を東西南北にめぐらせ、上下水道を整備して衛生状態を画期的に改善させ（ただし水洗トイレの普及は19世紀末）、公共施設の充実を図り、広場や公園を作った。

Bernard : Alors, il y a quelques quartiers qui échappent à la réglementation, <u>hein</u>. Donc, c'est vrai que dans les années 70, <u>il y a eu quelques tours de construites</u> sur les `Fronts de Seine` dans `le 15ᵉ`. Dans le 13ᵉ arrondissement aussi, il y a quelques tours comme ça. Et aujourd'hui, on reparle d'autoriser <u>ponctuellement</u> la construction de grandes tours, d'immeubles de grande hauteur dans Paris. Mais, voilà, on sait pas trop ce que ça va <u>donner</u>.

■ Vocabulaire

- ponctuellement　局地的に
- donner　（結果などを）生む

■ Grammaire

- **hein** 「ですよね」 heinはくだけた話し言葉で非常によく使われる間投詞だが、文末のheinはふつう、相手の同意を暗に求めるときに使われる。n'est-ce pasと同じ働き。「そうでしょう？」と相手に返事を促すときには、高く発音される。

- **il y a eu quelques tours de construites** 「建てられた高層ビルがいくつかあった」 construitesはtoursを修飾する過去分詞だが、間にdeが入っている。数詞・数量表現（ここではquelques）のついた名詞を修飾する場合、〈名詞＋de＋形容詞・過去分詞〉の形になることがある：J'ai trois jours de libres.「私は空いている日が3日ある」

ベルナール：規制を免れているいくつかの地区もあるよね。確かに、1970年代に15区のフロン・ド・セーヌに建設された高層ビルがいくつかあった。13区にも、同じような高層ビルがいくつかある。今日では、パリ市内に大きな高層ビル、高い建物の建設を局地的に許可することがまた話題になっているよ。でも、そう、それがどういう結果になるかはよくわからないけどね。

Culture

■ **le Front de Seine**　フロン・ド・セーヌ。パリ15区のセーヌ河岸（左岸）に広がる、60年代から70年代にかけて建設された高層ビルが立ち並ぶ一帯。

■ **le 15^e (arrondissement)**　15区。パリには1区から20区まで全部で20の区がある。パリの中心であるルーヴル美術館のあたりが1区で、そこから時計回りの渦巻状の配置になっている。この区割りは、渦巻状であるだけでなく、面積が中心部の区は小さく外側になるに従って大きくなることから、よく「エスカルゴ（かたつむり）」に例えられる。

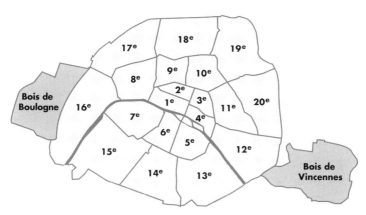

パリの地図、エスカルゴ　©Rainer Lesniewski/Shutterstock.com

Q : **Certaines constructions datent de plus de cent ans**.

Magali : Oui, je pense que la plupart se trouvent vraiment au cœur de Paris, c'est-à-dire principalement dans le Marais, où on trouve des maisons datant du Moyen Âge, donc à colombages, vraiment très très anciennes. Une des maisons les plus anciennes, je crois, se trouve rue de Montmorency, donc dans le Marais, qui est censée être la maison la plus ancienne de Paris. Voilà.

Bernard : Et c'est donc dans le Marais aussi qu'y a, ce qu'on trouve beaucoup aussi, une autre particularité de Paris, qui est ce qu'on appelle les hôtels particuliers, qui sont en général des maisons de maître, des grandes maisons, qui datent d'avant la période d'Haussmann, du Baron Haussmann, qu'ont été conservées. Et en général, c'est des demeures absolument sublimes, qu'on peut visiter pour la plupart.

■ Vocabulaire

- censé + 不定詞　～であるとみなされている
- particularité (f.)　特徴
- hôtel particulier (m.)　貴族などの豪華な大邸宅のこと。
- maison de maître (f.)　大邸宅
- demeure (f.)　住まい・住居の意味だが、大きな邸宅・屋敷を指すこともある。
- sublime　見事な

■ Grammaire

- **on trouve** 文字通りには「人々は見つける」だが、il y a とほとんど同じ意味で使われる。
- **se trouve rue de Montmorency** 「モンモランシー通りにある」 rue de Montmorencyは「モンモランシー通りに」という意味で場所を示す。通りの名の場合、このように前置詞も冠詞もなしで、場所を示す表現として使うことができる。rueだけでなく、boulevard, avenue「大通り」、place「広場」、quai「河岸通り」などでも同様である：Ils habitent avenue des Champs-Élysées.「彼らはシャンゼリゼ大通りに住んでいる」
- **voilà** このvoilàは「これで終わり、以上です」という意味で、話が終わったことを示す。しかし、voilàと言ったあとに、思いついて話を続けることもよくある。くだけた会話では、特に具体的な意味のないvoilàを口癖として使う人もいる。
- **qu'ont été** = qui ont été。p.26参照。

質問者： 建物の中には100年以上前のものもありますね。

マガリ： ええ、その多くはパリのど真ん中、つまり主としてマレ地区にあると思うわ。あそこには中世の頃の、だからハーフティンバーの、本当にとてもとても古い家があるの。最も古い家の一つは、マレ地区のモンモランシー通りにあると思うけど、パリで最も古い家だとみなされているのよ。そういうわけ。

ベルナール： それから同じくマレ地区にあるのは、同じくたくさんあるのは、パリのもう一つの特徴だけど、hôtel particulierと呼ばれるもので、一般に大邸宅、大きな家で、オスマンの、オスマン男爵の時代より前のもので、保存されているものなんだ。たいていは、本当に見事な邸宅で、その多くは見学することができるよ。

Culture

■ **Certaines constructions datent de plus de cent ans** 「建物の中には100年以上前のものがある」 パリ市内の建物には古いものが多く、築100年以上のものはざらにある。街並みの景観を守るため、古い建築物の建て替えや取り壊しが、法律で原則として禁じられているためである。外側はそのままにして内部は大きく改修してあることも多い。

■ **le Marais** p.23参照。

■ **le colombage** ハーフティンバー。木造建築構造の一つで、柱や梁など木造の骨組みの間をレンガや漆喰で埋めて壁にする。露出した木組みが幾何学的模様となって外観の装飾の役割も果たす。フランス各地で見られる。

■ **rue de Montmorency** モンモランシー通り。パリで最も古い家は、この通りの51番地にあるニコラ・フラメルの家la maison de Nicolas Flamel（1407年）だとされている。1階は現在レストランになっている。

伝統的なハーフティンバー（ストラスブール）
©agsaz/Shutterstock.com

エリアと多様性

Q : **Sinon, est-ce qu'on peut** <u>aborder</u> **un peu les particularités de chaque quartier ?**

Bernard : Dans Paris, chaque quartier, chaque arrondissement, en fait, a ses caractéristiques. C'est vrai qu'à l'ouest, c'est plutôt des quartiers bourgeois, <u>résidentiels</u>, assez <u>chic</u>. À l'est, ça va être plutôt des quartiers <u>populaires</u>, parfois un peu <u>bohèmes</u>, mais qui peuvent vivre un peu plus la nuit. C'est vraiment... Chaque arrondissement a une image assez <u>propre</u>. Au milieu, il y a le 5e, 6e, c'est le Quartier latin, où il y a tous les étudiants, les écoles de médecine, l'École des beaux-arts. Donc, c'est des quartiers qui ont chacun une identité propre.

■ Vocabulaire

● aborder　に取りかかる
● résidentiel　quartier résidentiel で「住宅街」だが、ときに「高級住宅街」のニュアンスを持つこともある。
● populaire　庶民的な
● bohème　ボヘミアン的な、自由気ままな
● propre　固有の

■ Grammaire

● chic　「シックな」　不変化の形容詞だが、複数形では -s をつけることもある。

Piste 3

質問者： そのほか、少し各地区の特徴について触れてみてもいいかしら？

ベルナール： パリ市内では、実際それぞれの地区、それぞれの区に特徴がある。確かに、西はどちらかと言うとブルジョワ的な、かなりおしゃれな住宅街だね。東はどちらかと言うと庶民的な地区になっていて、ときに少々自由気ままな感じだけど、夜はもっと遅くまで活気づいているところだね。本当に…それぞれの区には、かなり固有のイメージがある。中心部には5区、6区があって、カルチエ・ラタンであり、あらゆる学生たちがいて、医学部や美術学校がある。つまり、それぞれ固有のアイデンティティーを持っている地区だね。

Culture

■ **le Quartier latin**　p.21参照。

■ **les écoles de médecine**　「医学校」この地区には、パリ大学（2020年旧パリ第5大学と旧パリ第7大学が統合）医学部とソルボンヌ大学（2018年旧パリ第4大学と旧パリ第6大学が統合）医学部がある。「医学部」は faculté de médecine だが、日常では école de médecine「医学校」という言い方もする。6区には「医学校通り」rue de l'École-de-Médecine という名の通りがあり、医学部の校舎（一部）が両側に建っている。

■ **l'École des beaux-arts**　正式名称は l'École nationale supérieure des Beaux-arts de Paris パリ国立高等美術学校。短く Beaux-Arts ボザールと称される。超難関の美術学校で（フランスには美術大学はない）、ドラクロワ、ルノワール、ドガなどの巨匠をはじめ、数多くの芸術家がこの学校の出身である。

Magali : Le 13ᵉ, le quartier chinois, également.

Bernard : Vers l'Opéra, où y a plein de restaurants japonais.

Magali : Rue Sainte-Anne !

Q : Et le 19ᵉ, le 20ᵉ ? Alors qui sont les quartiers... ?

Bernard : C'est des quartiers plus populaires, mais il y a eu beaucoup de choses de refaites. Dans le 19ᵉ, il y a tout le quartier de la Villette, avec la Cité de la musique, le jardin de la Villette. L'été, il y a le Festival de Jazz à la Grande Halle de la Villette. C'est des quartiers qui changent beaucoup. En vingt, trente ans, ça a beaucoup changé.

■ Grammaire

- **il y a eu beaucoup de choses de refaites** 「再開発されたものがたくさんある」〈名詞＋de＋過去分詞〉の形。p.28参照。
- **l'été** 「夏に」 en étéと同じ。en hiver「冬に」もl'hiverと言いかえられるが、au printemps「春に」とen automne「秋に」は、le printemps, l'automneとは言わない。
- **en vingt, trente ans** 「20、30年で」 enは所要期間をあらわす。

ヴィレット公園のラ・ジェオード
©Dmitry Br/Shutterstock.com

マガリ：13区は中華街でもあるわね。

ベルナール：オペラのあたりには、たくさんの日本料理店がある。

マガリ：サンタンヌ通りね！

質問者：19区や20区はどう？ それらは地区として…？

ベルナール：もっと庶民的な地区だけど、再開発されたものがたくさんあるね。19区ではヴィレット地区全体がそうだね。シテ・ド・ラ・ミュージックやヴィレット公園がある。夏には、ヴィレットのグランド・アルでジャズ・フェスティバルがあるよ。大きく変化している地区だね。20、30年で大きく変わったよ。

Culture

■ **le quartier chinois** 中華街。パリでは13区のプラス・ディタリー Place d'Italie 界隈の中華街が一番大きいが、そのほか19区のベルヴィル Belleville にも大きな中華街がある。ベルヴィルには北アフリカ系の移民も多い。

■ **l'Opéra** オペラ座。ナポレオン3世とオスマン男爵によるパリ大改造計画の一環として1875年に完成した（ナポレオン3世は亡命先のイギリスですでに死去）。設計はシャルル・ガルニエ Charles Garnier。1989年にバスチーユに建てられた新オペラ座 l'Opéra Bastille と区別するために、設計者の名をつけてオペラ・ガルニエ l'Opéra Garnier、ガルニエ宮 le Palais Garnier とも呼ばれる。多くの彫刻や華美な装飾が特徴の豪華絢爛な大劇場である。1964年にはシャガール Chagall による天井画も完成した。

■ **la rue Sainte-Anne** サンタンヌ通り。オペラ座の近くにある、別名「日本人通り」。ラーメンやうどんをはじめ、数多くの日本食のレストランがある。

■ **la Villette (le parc de la Villette)** ヴィレット公園。パリ19区の北東端にある旧食肉市場跡に作られたパリ市内で最も広い公園。テーマは「科学」と「音楽」で、プラネタリウムや水族館などがある「科学産業都市」 la Cité des sciences et de l'industrie、巨大な360度球体映画館「ラ・ジェオード」 la Géode、コンサートホール「ル・ゼニット」 le Zénith、「音楽都市」 la Cité de la Musique（次項参照）などが園内にある。
　ヴィレット公園を横切っている運河に沿って南西に行くと「ヴィレット停泊地（貯水池）」 le bassin de la Villette に着く。パリ市内とは思えない、港のような水辺の風景が広がる。ここからサン・マルタン運河 le canal Saint-Martin を通ってバスティーユ（あるいはオルセー美術館前）までクルーズができる（反対方向も可）。

■ **la Cité de la musique** シテ・ド・ラ・ミュージック（音楽都市）。ヴィレット公園内にある、音楽に関する複合施設。コンサートホール、音楽博物館、多目的ホールなどがある。

■ **le jardin de la Villette** ヴィレット庭園。竹の庭園、水の庭園などテーマのある庭園がいくつかある。

■ **la Grande Halle** グランド・アル。肉牛の市場だった大空間の建物。コンサートや展示会などに使われている。

Magali : Assez populaires et très vivants. Il y a les Buttes-Chaumont, il y a le cimetière du Père-Lachaise aussi, assez intéressant à voir.

Bernard : Où y a plein de célébrités d'enterrées. Y a même la tombe de Jim Morrison !

■ Vocabulaire

● tombe (*f.*)　墓

■ Grammaire

● **où**　前の文の le cimetière du Père-Lachaise を先行詞とする関係代名詞
● **y a plein de célébrités d'enterrées**　「埋葬されているたくさんの有名人がいる」　p.34 と同じく〈名詞＋ de ＋過去分詞〉の形。

マガリ：かなり庶民的でとても活気があるわね。ビュット＝ショーモン公園があって、ペール＝ラシェーズ墓地もあって。かなり見て面白いわね。

ベルナール：たくさんの有名人が埋葬されているよね。ジム・モリソンの墓まであるよ！

Culture

■ **les Buttes-Chaumont (le parc des Buttes-Chaumont)**　ビュット＝ショーモン公園。パリ北東部にあり、パリ大改造の時代に採石場跡に築かれた。起伏に富んでいるのが特徴で、岩山、島が浮かぶ湖、滝、洞窟などがある。

■ **le cimetière du Père-Lachaise**　ペール＝ラシェーズ墓地。パリ東部にあるパリ市内最大の公園墓地。ショパン、エディット・ピアフ、オスカー・ワイルドなど世界的な著名人の墓が多くあることで知られる。このほかパリ市内の大きな公園墓地として、北部のモンマルトル墓地 le cimetière de Montmartre と南部のモンパルナス墓地 le cimetière de Montparnasse があり、こちらにも多くの有名人たちが眠っている。

■ **Jim Morrison**　アメリカのミュージシャン、詩人。移り住んだパリで、27歳で突然死した。

ペール＝ラシェーズ墓地のショパンの墓
©Claudia Carlsen/Shutterstock.com

お薦めの公園

Q : Paris intra-muros comprend de nombreux parcs et espaces verts. On en a parlé un petit peu tout à l'heure avec le jardin du Luxembourg. Est-ce que vous pouvez en citer d'autres ?

■ Vocabulaire

● comprendre　含む
● espace vert (*m.*)　緑地

■ Grammaire

● **vous pouvez en citer d'autres**　「他のものをあげることができる」　中性代名詞enをもとの名詞に戻すと：
vous pouvez citer d'autres parcs et [d'autres] espaces verts

♪Piste 4

質問者： パリ市内には数多くの公園と緑地があるわね。さっきリュクサンブール公園に関連して少しその話をしたけれど、ほかの公園や緑地をあげてもらえる？

Culture

■ intra-muros 「城壁内の、市内の」パリは歴史的に、町のまわりを城壁で囲んで町を守ってきた。最初の城壁はパリ発祥の地シテ島を囲む小さいものだったのが、人口が増えて町が拡大すると、古い城壁を壊して一回り大きい新しい城壁を作る、ということを繰り返し、全部で6つの城壁（一部拡張しただけのものも含む）が同心円状に拡大していった。12世紀末から13世紀初めに作られた2つ目の城壁、フィリップ・オーギュストの城壁は、今でもパリ中心部で（大きさから言って当然だが）、その遺構を見つけることができる。また19世紀半ばに作られた最後の城壁を壊した名残が、ペリフェリックと環状道路（p.137参照）である。

マレ地区のヴォージュ広場　©Joao Paulo V Tinoco/Shutterstock.com

Magali : Donc, y a quelques parcs à l'architecture française classique, on va dire, qu'ont été remaniés par Le Nôtre. Donc, on a parlé du Luxembourg, comme on l'a dit. On a les Tuileries et puis ensuite, y a des parcs qui datent plus, en fait, de la période du 19e, donc là, qui sont plus d'inspiration... tels que les parcs à l'anglaise, on va dire, ce qu'on appelle les parcs à l'anglaise, c'est-à-dire qu'y reprennent un petit peu le paysage. C'est moins structuré que les jardins à la française, qui singent vraiment l'architecture. Donc, dans cette catégorie, on peut trouver les Buttes-Chaumont... Qu'est-ce qu'il y a d'autre dans ce style ? Peut-être les jardins de Bagatelle, qui sont plutôt situés dans le bois de Boulogne. Donc...

Bernard : C'est plus ancien, Bagatelle.

Magali : C'est peut-être un peu plus ancien...

■ Vocabulaire

● singer　模する。singerはふつう「面白おかしくまねる」という意味だが、ここでは否定的なニュアンスはなく、単に「模する」の意味で使われている。

■ Grammaire

● quelques parcs à l'architecture française classique 「伝統的なフランス建築のいくつかの公園」 このàは「〜を持った」という意味。

● on va dire 「と言っていいのかな」「とでも言えるのかな」 自分の言った表現が適切かどうか迷いがあるときに使われる。

● qu'ont été remaniés = qui ont été remaniés

● qui sont plus d'inspiration 〈être d'inspiration＋形容詞〉で「〜な思いつきである、〜趣味的である」という意味であるが、d'inspirationで中断している。

● à l'anglaise 「イギリス風の」 〈à la＋形容詞女性単数形〉で「〜風の［に］」という意味になる。〈à la manière＋形容詞〉の名詞を省略した言い方なので、女性形になる。〈à la＋人名〉もある：à la Napoléon「ナポレオン風の」

● Qu'est-ce qu'il y a d'autre 「他に何があるだろうか」 d'autreは疑問詞queを修飾する。不定代名詞quelque chose、quelqu'un、rien、personneや、疑問詞qui、quoi、queなどに形容詞を付けるときは、〈〜 de＋形容詞男性単数形〉になる。

マガリ：ル・ノートルによって手を加えられている、古典的なフランス建築様式と言っていいのかしら、そういう公園がいくつかあるわね。言ったとおり、リュクサンブールのことは話したわね。チュイルリー公園があるわ。それから、19世紀の時代の、だからより着想を得た…イギリス式の公園のような公園があるわね。イギリス式公園と呼ばれるものは、つまりちょっと風景を再現しているものね。まさに建築を模するフランス式庭園に比べると構造的ではないわ。このタイプでは、ビュット＝ショーモン公園がある…この様式では他に何があるかしら？　バガテル公園かも。ブローニュの森にある。だから…

ベルナール：もっと古いよ、バガテルは。

マガリ：もう少し古いかもね…。

Culture

■ **Le Nôtre（André Le Nôtre）** アンドレ・ル・ノートル（1613〜1700）。フランスの造園家。ヴェルサイユ宮殿の庭園をはじめ、いくつもの有名な庭園を設計した。左右対称、幾何学的な配置、刈り込まれた植木を特徴とするフランス庭園の様式を完成させた。

■ **le jardin du Luxembourg** p.23参照

■ **les Tuileries（le jardin des Tuileries）** チュイルリー公園。パリ中心にあるルーヴル美術館の西、セーヌ川右岸沿いに広がる、市内最古の公園。チュイルリーという名前は、かつてこの地に瓦tuileを製造する工場tuilerieがあったことに由来する。もともとここには簡単なイタリア式庭園があったが、それをル・ノートルが、広い道を中心にした左右対称の典型的なフランス式庭園に造り換えた。木々の間に有名な彫刻家たちによる彫刻が置かれた広大で優雅な公園で、パリ市民と観光客でいつも賑わっている。夏のヴァカンス期間には移動遊園地もやって来る。西側の両角には、ジュ・ド・ポーム美術館le Jeu de Paumeと、モネの『水連』で有名なオランジュリー美術館le musée de l'Orangerieがある。

■ **les Buttes-Chaumont** p.37参照

■ **les jardins de Bagatelle** バガテル公園。ブローニュの森（次項参照）の中にある公園。バラ園で有名で、毎年「国際バラ新品種コンクール」が開かれる。

■ **le bois de Boulogne** ブローニュの森。パリの西端、16区の高級住宅街に隣接して広がる森林公園。かつては貴族たちの狩猟場だったが、ナポレオン3世の時代に美しい公園に整備された。大小いくつもの池や湖、バガテル公園を含む数々の庭園だけでなく、凱旋門賞などが行われるロンシャン競馬場l'hippodrome de Longchamp、全仏オープンテニスの開催地として知られるローラン・ギャロス・スタジアムle stade Roland Garrosも、この森の中にある。

Bernard : plutôt Empire.

Magali : Empire, voilà ! Mais ça reprend un petit peu les paysages tels qu'on les aimait, en tout cas, dans les parcs à l'anglaise. Donc, il y a une belle roseraie à visiter, enfin, dans laquelle se promener, donc à Bagatelle. C'est un endroit qui est connu pour ça, pour ses promenades autour des plans d'eau, donc des miroirs d'eau, des grottes. Il y a une pagode, également.

Bernard : C'est très romantique.

Magali : Très romantique !

Bernard : Et puis, il y a aussi des jardins très modernes.

▰ Vocabulaire

- Empire　名詞としては「帝政」だが、ここは形容詞で「帝政様式の」の意味。
- connu pour 〜　〜で知られている
- plan d'eau (m.)　（湖・川の）水面
- miroir d'eau (m.)　（公園などの）泉水、池

▰ Grammaire

- voilà　「それだ」「その通り」　相手の言ったことに対して同意するときに使う。
- une belle roseraie à visiter, enfin, dans laquelle se promener　「見逃せない、散歩のできる美しいバラ園」〈前置詞＋関係代名詞〉（ここでは dans laquelle）や関係代名詞 où のあとでは、不定詞だけで文のかわりをすることがある : une maison où passer la nuit 「夜を過ごす家」

ベルナール：どちらかと言うと帝政様式。

マガリ：帝政様式、それ！　でも、いずれにしても、イギリス式庭園で好まれていたような風景をちょっと再現しているのよ。　見逃せない美しいバラ園があって、中を散歩できるの、つまりバガテルではね。　そのことや、水面や泉や洞窟の周りをめぐる遊歩道で有名な場所なのよ。　パゴダもあるわ。

ベルナール：とてもロマンティックだね。

マガリ：とてもロマンティックよ！

ベルナール：それから、とてもモダンな公園もあるよ。

Culture

■ pagode　パゴダ。仏塔のことだが、仏教とは関係なく、エキゾチックな雰囲気を出すために、東洋の仏塔を模して建てられたものである。他の公園でも見ることがある。
　　パリ7区、ボン・マルシェデパート近くのバビロン通りの家並みの中にもパゴダがある。このパゴダは19世紀末、ボン・マルシェの支配人モランFrançois-Émile Morinが、日本文化好きだった夫人にプレゼントするために、建築家マルセルAlexandre Marcelに建築を依頼したものである。マルセルは日光の東照宮からインスピレーションを得て建てたと言われるが、日本に来たことはなく、建物は中国風でもある。現在は「ラ・パゴッド」la Pagodeという名の映画館になっている。

Magali : Voilà, oui, il y a également des jardins très modernes. Donc, il y a le parc André Citroën... le paysagiste Gilles Clément. Voilà, donc un parc qui est situé dans le 15ᵉ arrondissement, qui est une réinterprétation des parterres et puis, également, qui présente le principe des jardins en friche, donc des parties du jardin qui sont plutôt laissées à l'état un peu naturel, voilà, qui donne un côté un petit peu sauvage au jardin, voilà, enfin qui réinterprète certains éléments aussi du jardin classique, tels que les grottes, les psychés* [nymphées] et les parterres. Et puis, il y a le jardin de Bercy, assez récent également, qui date de la fin des années 80, 90 plutôt. Donc, c'est trois jardins, en fait. Il y a un potager aussi, un jardin qui s'appelle le jardin romantique, je crois, et puis, un jardin de parterres, voilà, le long de la Seine.

▶**Note**

* 本人から、nymphéesと言うべきところを言い間違えたとの申し出があった。

■ **Vocabulaire**

● paysagiste (*n.*) 造園家、景観建築家
● réinterprétation (*f.*) 再解釈、新解釈
● parterre (*m.*) 花壇
● en friche 耕されていない、荒れたままの
● grotte (*f.*) 洞窟
● potager (*m.*) 菜園

アンドレ・シトロエン公園の気球
©UlyssePixel/Shutterstock.com

マガリ：そうね、そう、とてもモダンな公園もあるわね。アンドレ・シトロエン公園…景観建築家ジル・クレマンね。15区にあって、花壇を新解釈してて、耕さない庭の方針もある公園、つまり少々自然状態のままの庭の部分があって、そのせいで庭にほんの少し野生の側面があるのね。洞窟、ニンフのほこら、花壇といった古典的な公園のいくつかの要素を新解釈しているのよ。それから、ベルシー公園ね。これも比較的新しくて、80年代の終わり、というかむしろ90年代の終わりのもの。ここは3つの庭園なの。菜園があり、確かロマンティック庭園という名の庭園があり、それからセーヌ川に沿って花壇庭園があるのよ。

Culture

■ **le parc André-Citroën**　アンドレ・シトロエン公園。パリ西部のセーヌ川左岸沿いにある公園。自動車メーカー、アンドレ・シトロエンの工場があった場所に1992年に作られた、緑の自然と近代的な無機質が調和した新しいタイプの公園である。気球に乗ることもできる。

■ **Gilles Clément**　ジル・クレマン（1943〜）。フランスの景観建築家。アンドレ・シトロエン公園の設計者の一人。

■ **les nymphées**　ニンフのほこら。ニンフ（ギリシャ神話に出てくる女神。川・泉・森の精）をまつった自然のまたは人工的な洞窟で、中に泉や噴水がある。泉の周りに彫刻で飾られた建物が建っていることもある。古典的な庭園の要素の一つ。

■ **le jardin de Bercy**　正しくは le parc de Bercy。ベルシー公園。Bercy については p.21 を参照。セーヌ川沿いのベルシー公園は3つの庭園 jardins から成る。その3つは正確には、芝生が広がる「草原」prairies、池や水路が特徴的な「ロマンティック庭園」jardin romantique、そして菜園やブドウ畑など9つの区画がある「花壇」parterres である。

話し言葉の特徴　　1. 否定の ne の脱落

話し言葉では、否定ne … pasのneが脱落して、pasだけで否定を表すことが多くあります。

> J'aime pas les serpents.
>
> ヘビは好きじゃないわ。

ne … pasだけでなく、ne … plus、ne … jamais、ne … rien、ne … personneなど、他の否定表現でも同じです。

> Il a rien dit.
>
> 彼は何も言わなかったよ。

制限の表現ne … queでも同様です。

> J'ai dépensé que dix euros.
>
> 10ユーロしか使ってないよ。

ne … queを否定したne … pas que 〜「〜だけ…というわけではない」という言い方がありますが、この場合も同じです。

> J'ai pas que ça.
>
> これしか持っていないわけじゃない。

このneの脱落があるために、plusがne … plusのplusなのか、「もっと多く」のplusなのか、文字の上では区別がつかなくなるケースもあります。

> Elle en veut plus.
> ＝ Elle n'en veut plus.　彼女はもうそれを欲しがっていない。
> ＝ Elle en veut plus.　彼女はもっとそれを欲しがっている。

けれども、「もっと多く」のplusのほうは［plys］と最後のsを発音するので、実際には音声で区別できます。

Chapitre 2 芸術とファッション

芸術の都パリ。確かに世界に名だたる美術館があり、さまざまな芸術家が活躍し、世界のファッションをリードしている町です。

しかし何より忘れてはいけないのは、パリに住む一般の人たちにとって、芸術が小さい頃から身近な存在であるということでしょう。国立の美術館の多くが、18歳未満、失業者、EU圏の18歳から25歳の人に対し入館料を無料とし、毎月第一日曜日には一般無料の日を設けているのはその一例です。その他、美術や音楽に親しめるイベントは数知れません。

ファッションでも、皆が必ずしも質が高いものを着ているわけではないのにおしゃれに見えるのは、自分に似合うもの、自分を引き立てるアレンジを知っているからです。ここにも、人と違うことをよしとするフランスのよい面が表れています。

Personnes interviewées

Virginie BELL D'ODGI / 女性 / 28歳 / セルフイメージコンサルタント / パリ在住28年
Milena PERDRIEL / 女性 / 38歳 / フォトグラファー / パリ在住16年（ブルガリア出身）

お薦めの美術館

Q : **Quels musées parisiens <u>recommanderiez-vous</u> en particulier <u>pour</u> la beauté du lieu ou la beauté des collections ?**

Virginie : Je trouve que `le Galliera` est vraiment beau, <u>après</u> y a `le musée Rodin`, qui est, voilà, qui est incontournable à Paris. Et puis, y a aussi, c'est pas vraiment un musée, mais `la Maison européenne de la Photographie`, où y a souvent des très bonnes expositions, donc, voilà. C'est à recommander.

■ Grammaire

● **recommanderiez-vous** 「お薦めになりますか？」 相手に対して言い方を和らげる条件法が使われている。
● **pour** 「〜ゆえに」 理由を表すpour。
● **après** 「あとは」 話し言葉で、前に述べたことに何かを付け足すときに使う。

ガリエラ宮パリ市立モード博物館
©Photononstop/アフロ

質問者: パリの美術館は特にどこがお薦めかしら、その場所の美しさや収集品の美しさから言うと。

ヴィルジニ: 私はガリエラが本当に美しいと思うわ、あと、ロダン美術館ね、パリで欠かせないところよ。それから、厳密には美術館ではないけど、ヨーロッパ写真美術館もね。とてもいい展覧会をよくやっているの。お薦めよ。

■ **le Galliera（Palais Galliera, musée de la Mode de la Ville de Paris）** ガリエラ宮パリ市立モード博物館。16区にあるファッション史専門の博物館で、昔の貴族のドレスや女優の舞台衣装、アクセサリーなどのファッション雑貨など10万点以上を所蔵する。
建物であるガリエラ宮は、19世紀末にイタリア人のガリエラ夫人のために建てられた、ルネサンス様式の美しい宮殿。
■ **le musée Rodin** ロダン美術館。セーヌ左岸7区にある、彫刻家オーギュスト・ロダンAuguste Rodinの作品とロダンが収集した美術品、および弟子のカミーユ・クローデルCamille Claudelの作品が展示されている。もともとは晩年のロダンが暮らした邸宅兼アトリエの「ビロン館」だった。美しく広大な庭園もあり、彫像がゆったりと配置されている。
■ **la Maison européenne de la Photographie** ヨーロッパ写真美術館。マレ地区にある18世紀初めの貴族の館を改修してつくられた、写真・映像資料専門の美術館。ヨーロッパ最大級の写真を所蔵し、展示センター、図書室、ビデオライブラリー、講堂も備えている。入口にはNIWAと題されたモダンな枯山水の庭もある。

Milena : Moi, j'aime beaucoup le musée d'Orsay. Ceci dit, il a été rénové cet été et je n'y suis pas retournée depuis. Je serais curieuse de voir ce que ça donne avec la modernisation. Sinon, j'aime beaucoup Beaubourg, parce qu'à Beaubourg, on peut se retrouver dans des ambiances très différentes. Même la bibliothèque de Beaubourg est superbe, la boutique, le coin pour les enfants, le dernier étage. Comme lieu, Beaubourg, c'est quelque chose à voir. Moi, je conseille, ne serait-ce que l'arrivée, le lieu au milieu de ce quartier, qui est ancien. Et puis, à partir d'en bas, le grand escalator très symbolique, l'esplanade sur laquelle il se passe toujours des choses...

Virginie : Ça c'est vrai !

■ Vocabulaire

- ceci dit　それはそれとして。そう言ったうえで。cela dit とも言う。
- rénover　改築する
- modernisation（f.）　最新の改装を施すこと
- ne serait-ce que ～　たとえ～だけでも
- esplanade（f.）　（大きな建物の前の）広場

■ Grammaire

- **Je serais curieuse de voir**　「ぜひ見たいと思う」〈être curieux de＋不定詞〉は「ぜひ～したい」という願望を表すので、言い方を和らげる条件法が使われている。
- **il se passe toujours des choses**　「いつも何か行われている」非人称 il se passe ～の表現。「（出来事などが）起こる」という意味。

ミレナ：私はオルセー美術館がとても好きなの。とは言うものの、この夏、改装されたんだけれど、それからは行っていないのよ。新しくなってどうなったのかぜひ見てみたいわ。ほかに、ボブールが大好きなの、ボブールでは、とても異なったいくつもの雰囲気に浸ることができるから。ボブールの図書館だって素晴らしいし、ブティックや子どものためのコーナーとか、最上階とか。場所として、ボブールは見るべきものね。この場所に来るだけだとしても、古いこの地区の真ん中にあるこの場所はお薦めするわ。それに、下からの、とてもシンボリックな大エスカレーターや、いつも何か行われている建物前広場も…

ヴィルジニ：ほんとにそう!

Culture

■ le musée d'Orsay　p.15参照。
■ le Beaubourg (le Centre national d'art et de culture Georges-Pompidou)
ジョルジュ・ポンピドゥー国立芸術文化センター。短くポンピドゥーセンター Centre Pompidou、あるいは建っている地区の名からボブールBeaubourgと呼ばれる。セーヌ川右岸の4区にある、むき出しのパイプや骨組み、外付けされたガラス張りのトンネル型エスカレーターが特徴の、芸術と文化の複合施設。美術館、図書館、映画館、劇場などから成る。センターの名は建設を決めたポンピドゥー大統領にちなんで名付けられた。1977年建設当初は、あまりにも前衛的過ぎた建物のせいで批判も多かったが、今は人気のスポットである。センター前の広場は、大道芸人や似顔絵書きのパフォーマンスの場所として知られる。
　センターのNiveau 4、Niveau 5（日本で言う5階、6階部分）を占めるのが国立近代美術館le Musée national d'art moderneで、20世紀初頭から現代までの作品を所蔵する。マティスからピカソ、ルオー、カンディンスキー、シャガールなど巨匠の作品が数多くある。
　2010年にはフランス北東の都市メスMetzに、ポンピドゥーセンターの分館「ポンピドゥーセンター・メス」Centre Pompidou-Metzが開館した。

Milena : Et monter en haut et se retrouver chez Georges , avec ses tables d'une sobriété incroyable, faites par Starck , avec la rose rouge, qui est toujours là, et une vue magnifique...

Virginie : une vue sur tout Paris...

Q : **Georges, c'est le...**

Milena : C'est le restaurant qui est sur le* [au] dernier étage de Beaubourg.

Virginie : Y a aussi le brunch du musée Jacquemart-André , qui est un très bon brunch, dans une petite cour intérieure très sympa, un dimanche.

▶**Note**

ミレナは、ブルガリア出身だがパリ在住も長く、フランス語も流暢である。フランス語のネイティヴ・スピーカーが聞いても、すぐにそうとは気が付かないほどである。それでもインタビューでは、いくつか文法上の間違いがある。

■ **Vocabulaire**

● brunch (*m.*) [英語] ブランチ (昼食を兼ねた遅い朝食)

■ **Grammaire**

● **une sobriété incroyable** 「信じられない飾り気のなさ」 抽象名詞にはふつう定冠詞を付けるが、抽象名詞に形容詞や補語が付いて、「どんな〜なのか」を表すときは、あり得る特徴のうちの一つを示すという意味で、不定冠詞を付ける。

● **sympa** 「感じがいい」 sympathique のくだけた表現。くだけた話し言葉では、語を短くして使うことがよくある：ado (= adolescent)「若者」、prof (= professeur)「先生」。その際に、綴りや音が変わることもある：resto (= restaurant)「レストラン」、apéro (= apéritif)「食前酒」。

● **un dimanche** 「(いつでもいい) 日曜日に」 曜日名の用法をまとめておくと① dimanche (今度の・この前の) 日曜日 (に)　② le dimanche (1) 毎日曜日 (に) (2) その日曜日 (に)　③ un dimanche (ある、いつでもいい) 日曜日 (に)

ミレナ：それから上に上って［ル・］ジョルジュに入ると、スタルク作の信じられないくらい飾り気のないテーブルがあって、いつも赤いバラがあって、それに素晴らしい眺め…

ヴィルジニ：パリを一望する眺めね…

質問者：ジョルジュって、それは…

ミレナ：ボブールの最上階にあるレストランよ。

ヴィルジニ：ジャックマール＝アンドレ美術館のブランチもあるわよ。日曜日、とても感じのいい小さな中庭での、とても美味しいブランチなの。

■ **Le Georges**　ル・ジョルジュ。ポンピドゥーセンターの最上階にあるレストラン。
■ **Starck（Philippe Starck）**　フィリップ・スタルク（1949〜）。フランスのデザイナー。インテリアから工業デザイン、さらに建築までもデザインしている。
■ **le musée Jacquemart-André**　ジャックマール＝アンドレ美術館。銀行家エドゥアール・アンドレ（1833〜94）とその妻で画家のネリー・ジャックマール（1841〜1912）の邸宅を改築して作られた美術館。すぐれた収集家であった夫妻が収集した、イタリア・ルネサンス、18世紀フランス、オランダの絵画や、贅を尽くした美術工芸品や家具、調度品等が展示されている。
　建物は、第二帝政時代の華麗な邸宅で、それ自体一見の価値があり、19世紀の裕福なブルジョワ階級の生活を垣間見ることができる。ティエポロによる天井画と17世紀のタピスリーが飾られた豪華なダイニングルームは、現在カフェになっている。

アートと教育

Q : **On croise souvent, dans les musées, des enfants en visite de groupe. Est-ce que vous avez, vous personnellement, eu l'occasion, étant enfant, d'effectuer des sorties au musée dans le cadre des activités parascolaires ?**

Virginie : Alors, moi j'avais la chance, je l'ai fait une ou deux fois avec l'école, mais j'avais la chance, enfin, j'ai la chance d'avoir une grand-mère qui s'intéresse énormément à la culture, à la mode, à toutes ces choses-là. Et donc, depuis que j'ai l'âge de marcher, elle m'emmenait toutes les semaines dans un musée de Paris. Je pense que c'est aussi pour ça que je le fais, moi maintenant, parce que je l'ai tellement fait petite. Donc, voilà, pour moi, le musée égale ma grand-mère, dans ma tête, c'est un réflexe d'enfant. Mais c'est vrai qu'il y a des sorties scolaires qui sont de mieux en mieux organisées, d'ailleurs, pas que dans les musées, dans les parcs, dans des marques, des maisons, des sièges d'entreprises importantes. Donc, voilà !

■ Vocabulaire

- dans le cadre de ～　～の枠内で、～の一環として
- parascolaire　学外（教育）の、課外の
- avoir la chance de＋不定詞　幸運にも～する
- l'âge de＋不定詞　～できる年齢
- marque (f.)　ブランドメーカー
- siège (m.)　本社

■ Grammaire

- **étant enfant**　「子どものときに」　étant は être の現在分詞で、「～のとき」という「時」を表す。現在分詞に主語は付いていないが、主節の主語（この文では vous）と同じである。
- **je l'ai fait**　「私はそうした」　l' は中性代名詞の le で、le faire で「そうする」、つまりここでは effectuer des sorties au musée dans le cadre des activités parascolaires「課外活動の一環で美術館へ出かける」を指す。このように le faire は、動詞（＋目的語など）の反復を避けるために、それに代わって使われる（「代動詞」と呼ばれる）。

質問者： 美術館ではよくグループ見学の子どもたちとすれ違うけれど、個人的に、子どものとき、課外活動の一環で美術館へ出かける機会はあった？

ヴィルジニ： そうね、私は幸運に恵まれたわ、学校で１、２回行ったけれど、でも幸運に恵まれたわ、つまり幸運にも、文化とかファッションとか、そういったことすべてにすごく興味のある祖母がいてね。だから、私が歩ける年齢になって以来、祖母は私を毎週パリにある美術館に連れて行ってくれたのよ。私が今そうしているのはそのせいもあると思う。小さいときにずいぶんそうしたから。だから、私にとって頭の中では美術館イコール祖母なの、子どもの反応ね。でも確かに、校外授業というのがあって、ますますよい企画がなされているわね。だいたい、美術館だけでなく、公園やブランドメーカー、会社、大きな企業の本社にも行くのよ。そうなの！

- **je l'ai tellement fait petite** 「私は小さいときにそうした」 petiteは、主語の同格（動作が行われるときの主語の状態を表すもの）として使われている形容詞である。ここでは「小さいときに」という「時」を表している。同格の形容詞は、文末だけでなく、文頭や文中にも置かれる。また、文脈によって原因・譲歩などを表すこともある：Cet élève, paresseux, a redoublé.「この生徒は、怠け者なので、留年した」
- **pas que dans les musées** 「美術館だけでなく」 このqueは制限を表し（ne ... queのqueと同じ）、それがpasで否定されている。

Culture

■ **des enfants en visite de groupe** グループ見学の子どもたち。フランスでは幼稚園から、クラスの課外授業として、美術館・博物館や宮殿などの見学に出かける。何人かの親が世話係として同行していることもある。子どもたちが床にすわり、絵を見ながら引率の先生の説明を聞いているのは、よく見かける光景である。先生は、子どもたちに質問をしたり、感想を述べさせたり、また子どもたちからも質問させたりしている。しっかり見ること、感じとること、考えること、そしてそれを言葉で表現することを、教育の場で大切にしているのがよくわかる。

Milena : Moi, j'ai pas grandi à Paris, donc je ne connais pas vraiment ça. Mais j'ai deux enfants de 12 et 7 ans, que j'accompagne de temps en temps à leurs sorties musée et c'est vrai que c'est très... enfin c'est très bien. Déjà, j'adore les accompagner et je trouve que les enfants apprennent beaucoup de choses. Et les visites sont extrêmement bien organisées. Y a toujours un accompagnateur, qui se met à leur niveau. Y a toujours un parcours qui est prédéfini. Du coup, les enfants, y z'ont pas le temps de s'ennuyer. Parce que c'est fait de manière à ce que ça les intéresse. Et du coup, quand je suis... j'avais été accompagner ma fille au Louvre avec sa classe, et quelque temps après, je suis retournée en personnel avec elle et puis avec une amie et ses enfants. Et ma fille prenait, en fait, l'initiative d'expliquer à ses petites copines ce qu'elle avait appris lors de la visite. Donc, non seulement (qu'*) elle a aimé, mais en plus, elle a retenu des choses qu'elle était capable après de réexpliquer. Je trouvais ça formidable.

■ Vocabulaire

● accompagnateur (*m.*) 同行者、案内人、（観光などの）ガイド
● se mettre au niveau de ～ ～のレベルに合わせる
● parcours (*m.*) 見学コース
● du coup その結果

■ Grammaire

● **je ne connais pas vraiment ça** 「私はそれを本当に知っているわけではない」 ne ... pas vraimentは部分否定で「本当に…なわけではない」。一方、ne ... vraiment pas は全否定で「本当に…でない」：Tu n'as vraiment pas de chance !「君は本当についていないね！」
● **déjà** このdéjàは「まずは」の意味。
● **y z'ont** = ils ont。主語ilsがくだけてyになっているが、ils ontのときのリエゾンは保たれているので、その [z] の音を表すためにzが書かれている。(p.74参照)
● **j'avais été accompagner** 「私は付き添って行った」 êtreは複合時制（「助動詞＋過去分詞」の時制）のとき、allerの意味で使われることがある。ここはj'étais allée accompagnerと言い換えても同じ。
● **elle a aimé** 「彼女は気に入った」 このaimerは「好きである」より「気に入る」のほうが近い。特に複合過去形では、この意味になる。なお、この文の前にあるqu'は必要ない。
● **réexpliquer** 「再び説明する」「再び」を意味する接頭辞re-は、母音の前ではré-になる。
● **Je trouvais ça formidable** 「私はそれが素晴らしいと思う」〈trouver＋目的語＋属詞〉の構文。

ミレナ： 私は、パリで育っていないので、そういうのを本当に知っているわけではないけど。でも、12歳と7歳の二人の子どもがいて、ときどき彼らの美術館見学について行くんだけど、確かにとても…とてもいいわね。まず、私はついて行くのが大好きだし、子どもたちはたくさんのことを学ぶと思う。見学は非常によく企画されているわね。いつも案内する人がいて、子どもたちのレベルに合わせてくれるし、いつも前もって決められた見学コースがある。だから子どもたちは退屈する時間なんかないの。子どもたちに興味を持たせるように行われているから。だから私が…私は娘のクラスと一緒にルーヴルへ娘に付き添って行ったことがあるんだけど、そのあとしばらくして、娘と、それから私の友人とその子どもたちと個人的にまた行ったの。そしたら娘は、率先して自分が見学したときに学んだことを友だちに説明したのよ。つまり、彼女は見学が気に入っただけでなく、そのうえちゃんといろいろなことを覚えていて、あとでまた説明することができたの。私は、これは素晴らしいと思ったわ。

Q : **Donc il s'agit là plutôt des** ateliers de découverte **des œuvres qui sont proposés par les différents musées, c'est cela ? Des parcours destinés aux enfants ?**

Milena : Oui, c'est ça. Voilà, c'est des parcours destinés aux enfants. Sinon, y a aussi d'autres visites, dans des musées moins connus, on va dire, que le Louvre. Par exemple, au musée de la Préhistoire qui est à Melun, non ou à Saint-Cloud... enfin, je me souviens plus, mais en tout cas, c'est dans la banlieue parisienne... qui est un très très beau musée et les enfants, ils y étaient suite au matériel* [à la matière], en fait, qu'ils étudient en classe. Donc, c'était comme un complément pratique.

■ Grammaire

● **..., c'est cela（ça）?**「…っていうこと？、…のこと？」 前に述べた内容を相手に確認するときの言い方。

ルーヴル美術館で説明を聞く子どもたち ©Alina Zamogilnykh/Shutterstock.com

質問者：つまりそれはどちらかと言うと、いろいろな美術館が行っている作品発見のアトリエのこと？　子どもたち向けの見学コース？

ミレナ：ええ、そうよ。子どもたち向けの見学コースね。ほかには、そうねえ、ルーヴルほど知られていない美術館でも、また別の見学があるわ。例えば、ムランにある先史博物館で、いえ違う、サン＝クルーかな…覚えていないのだけど、いずれにしてもパリ郊外にあって…、とてもとても立派な博物館で、子どもたちは、授業で学ぶ素材＊［教科］の続きでそこに行ったの。つまり、実地的な補足のようなものだったわ。

Culture

■ **atelier de découverte**　発見のアトリエ。フランスの美術館では、子どもたちに楽しみながら美術に親しんでもらうことを目的に、学校が休みの日にアトリエ（ワークショップ）を開くことが多い。子どもたちは、美術館の学芸員やアーティストによる説明を聞きながら、テーマに応じた館内の作品を見て回り、そのあと実習を行う。例えば、作品を見た画家の手法などを実際にまねて体験しながら、自分の作品を創る。

■ **le musée de la Préhistoire**　先史博物館。Milenaが言っているのは、「イル・ド・フランス先史博物館」le musée de Préhistoire d'Île-de-Franceのことかと思われる。パリの南東隣りに広がるセーヌ＝エ＝マルヌ県Seine-et-Marneの町ヌムールNemoursにある。

■ **Melun**　ムラン。セーヌ＝エ＝マルヌ県の県庁所在地。

■ **Saint-Cloud**　サン＝クルー。パリの西隣りのオー＝ド＝セーヌ県Hauts-de-Seineにある町。ブローニュの森の西に位置する。ル・ノートル（p.41参照）の設計した、広大で美しいサン＝クルー公園le Parc de Saint-Cloudが有名。

■ **la banlieue parisienne**　パリ郊外。一般にパリを環状に取り巻く周辺の3つ県を指す。petite couronne「小さい冠」（近距離都市圏）と呼ばれる。

「白夜祭」

Q : Sinon, est-ce que vous connaissez la Nuit blanche ?

Milena : Ah, oui, formidable !

Q : Vous pouvez en parler ?

Virginie : Alors, moi je connais, enfin je connais de nom, mais j'ai jamais vraiment pratiqué.

Milena : Moi je l'ai faite les premières années. Et c'est vraiment super. Parce qu'en plus, les premières années, j'étais beaucoup plus intéressée par l'art et l'organisation d'événements culturels, etc... Donc, je l'avais fait et en fait, j'aimais bien aussi le côté un peu fouillis. Il faut connaître pour y aller, faut se renseigner pour y aller, dans des petits endroits, etc... Et les premières années, ça c'était y a quoi ? Y a huit ans, maintenant, me semble-t-il ? Y avait pas énormément de monde.

■ Vocabulaire

● connaître ～ de nom ～の名前だけは知っている
● côté (m.) 側面
● fouillis 雑多な。「雑然と積まれた山、雑多」の意味の名詞が形容詞的に使われている。
● se renseigner 情報を得る、調べる
● énormément de ～ 非常に多くの～

■ Grammaire

● **Je l'ai faite** 「私はそれを見てまわった」 J'ai fait la nuit blanche の la nuit blanche が la (l') となっている。この faire は「（場所・地域を）見てまわる」の意味で、話し言葉で使われる。
● **Il faut connaître pour y aller** 「そこに行くには知っている必要がある」 この il faut は「～しなければならない」という義務ではなく、「～することが必要である」の意味である：Elle est délicieuse, cette fondue savoyarde. –Oui, mais il faut aimer le fromage. 「美味しいね、このチーズフォンデュ」「ええ、でもチーズが好きじゃないとだめだけどね」（「チーズが好きである必要がある」の意味で「チーズを好きにならなければならない」ではない）。

Piste 7

質問者： あと、「白夜祭」って知っている？

ミレナ： ええ、素晴らしいわよ！

質問者： そのことを話してもらえる？

ヴィルジニ： 私はね、知っているけど、つまり名前は知っているけれど、一度も本当に体験したことはないわ。

ミレナ： 私は最初の何年か行ってみたわ。本当に素晴らしいわよ。それに最初の頃は、芸術とか文化イベントの企画とかにもっとずっと興味があったから。それでそうしたのだけど、ちょっと雑多な側面も好きだった。そこに行くには知ってないとだめなのよ。そこに行くには、小さい会場とかに行くには、調べておかないとだめなの。最初の頃、それ、どれぐらい前だったかしら、今ではもう8年前のような気がするけど？　そんなにたくさんの人はいなかったわ。

● **y a quoi**　「どれくらい前」　きちんとしたフランス語なら、il y a combien de temps, il y a combien d'années となるべきところ。

Culture

■ **la Nuit blanche**　「白夜祭」（こう訳されることが多いイベントだが、本来 nuit blanche というのは眠らないで過ごす夜のことを言う。夜通し行われるイベントであることからつけられた名前である。フランスの緯度では「白夜」にはならない）。2002年に始まり、毎年10月最初の土曜から日曜にかけて夜通し行われる、無料の現代アートのイベント。パリ市内の美術館、教会、宮殿、公園、市庁舎、駅など様々な場所が開放され、パフォーマンスやコンサート、現代アート作品の展示、光のアートなどが行われる。夜のパリ散策を楽しみながら、現代アートに親しむことができるので、年々盛んになっている。イベントが行われている場所を通るメトロは、一晩中運行していて無料である。

Q : **Est-ce que vous pouvez expliquer de quoi il s'agit ?**

Milena : Alors, la Nuit blanche, c'est des parcours, c'est des lieux, qui sont pas forcément culturels au départ, qui sont des lieux investis par l'art contemporain. Y a toute une organisation, le choix des artistes, etc, qui est fait au niveau de la mairie de Paris. Et donc, il y a des artistes qui vient* [viennent] du monde entier, qui est* [s'expriment] sur tout support d'art. Ils investissent les églises, des musées, des hôtels, les rues, les restaurants, enfin, tout lieu parisien qui est intéressé pourrait* [peut] être investi par des artistes. Et donc, au début, y en avait pas énormément, d'artistes et des* [de] lieux, et maintenant, il y [en] a de plus en plus et c'est beaucoup plus structuré. Du coup, l'improvisation n'est pas...

Virginie : Y a moins de magie qu'avant.

Milena : Y a moins de magie et y a plus de monde.

Virginie : Mais par contre, les métros sont ouverts toute la nuit.

■ **Vocabulaire**

- au départ　もともとは
- organisation (*f.*)　企画準備
- support (*m.*)　媒体

■ **Grammaire**

- **investis**　この investir は envahir、occuper「占める」の意味。
- **toute une organisation**「大がかりな企画準備」〈tout(e)＋un(e)＋名詞〉はふつう「(ある一つのものの)全体、まるまる〜」を表すが (tout un été「ひと夏いっぱい」)、そこから、名詞を誇張して「まさに大変な〜」という意味でも使う：C'est tout un drame.「大騒ぎだ」、C'est toute une histoire.「それは大変な話だ、話せば長くなるような話だ」
- **tout lieu parisien**「どんなパリの場所も」〈tout(e)＋無冠詞名詞〉は「どんな〜も」の意味。
- **y en avait pas énormément, d'artistes et des* [de] lieux**「それほどたくさんではなかった、アーティストとか場所は」右方転位構文 (p.168参照) の文で、代名詞 en の内容を文末に置いて示している。

質問者：どういうものか説明してくれるかしら？

ミレナ：「白夜祭」とは、もともとは必ずしも文化に関わりのない見学コースや場所が、現代アートで占められた場所のことよ。大がかりな企画準備がされていて、アーティストの選択とか、パリ市レベルで行われているの。だからアーティストたちが世界中から来て、あらゆる芸術媒体で自己表現するのよ。彼らは、教会や、美術館や、ホテルや、通りや、レストランを占有して、つまり、関係するあらゆるパリの場所がアーティストたちによって占められるの。最初はそれほどたくさんではなかったんだけど、アーティストとか場所はね、でも今はますます多くなっていて、もっとずっとしっかりした構成になっているわ。その結果、即興はもう…。

ヴィルジニ：以前より魅力は減っている。

ミレナ：以前より魅力は減って、人は増えているわね。

ヴィルジニ：でもその代わり、地下鉄は一晩中やっているわ。

Culture　■ la mairie de Paris　パリ市。パリは行政上、コミューンcommune（市町村にあたる）であるとともに県départementでもあるという特別な位置付けがなされている。フランスの首都であり、またイル＝ド＝フランス地域圏l'Île-de-France（パリと周辺7つの県からなる）の首府でもある。

ファッションのこと

Q : **Quels sont les aspects de votre <u>tenue</u> que vous soignez particulièrement ou auxquels vous accordez de l'importance ?**

Virginie : Alors, moi, j'accorde beaucoup d'importance à l'<u>hygiène</u>, déjà. Donc, <u>des mains toujours faites</u>... voilà et essayer d'<u>être</u>... Moi, j'avais justement une tante qui me disait toujours « Il faut toujours être impeccable parce que <u>si tu as un accident dans la rue et que</u> les pompiers sont obligés de te déshabiller, il faut que tu aies <u>des sous-vêtements bien</u>, que tu sois <u>épilée</u> » ... et voilà !

Milena : C'est formidable !

■ Vocabulaire

- tenue (*f.*)　服装、身なり
- hygiène (*f.*)　清潔さ
- épilé　脱毛した

■ Grammaire

- **des mains toujours faites**　「いつもマニキュアした手」 ふつうはongles faits「マニキュアした爪」と言う。このfaitは「化粧をした」という意味。
- **être** [ɛt]　くだけた話し言葉では、[tr] が [t] と発音されることがある。
- **si tu as un accident dans la rue et que les pompiers sont obligés de te déshabiller**　「もしあなたが通りで事故にあって、消防士があなたの服を脱がさざるを得なくなったら」 条件の文が2つあり、2つ目にはsiの代わりにqueが使われている。このようにqueは、先行するquand、lorsque、parce que、puisque、comme、siなどの接続詞に代わって使われる。siに代わってqueが使われたときは動詞は接続法になる、とよく説明されるが、実際には直説法のままで使われることが多い。話し言葉ではもっぱら直説法である。
- **des sous-vêtements bien**　「きちんとした下着」 このbienは形容詞で「立派な、きちんとした」の意味。不変化の形容詞なので、性・数の一致はない。

Piste **8**

質問者： 服装で特に気を配ったり、大切にしているところは何かしら？

ヴィルジニ： 私はまず、清潔さをとても大切にしているわ。いつもマニキュアした手で…あろうとしているのは…私にはまさにいつもこう言っていたおばがいたの。「いつもきちんとした身なりでいなくてはだめよ。だって、もしあなたが通りで事故にあって、消防士があなたの服を脱がさざるを得なくなったら、ちゃんとした下着をつけていなくてはいけない、脱毛をしていなくてはいけないんだから」って。そういうわけ！

ミレナ： それは素晴らしいわね！

Culture

■ **les pompiers**　正式にはsapeurs-pompiers。消防士。フランスのpompiersの仕事は多岐にわたる。火事のときの消火活動はもちろんのこと、交通事故や自然災害のときには救急活動・救助活動を行う。また、市民が日常で遭遇するさまざまな困った事態にも出動する。たとえば人がエレベーターに閉じ込められたり、犬や猫がどこかに挟まって身動きできなくなったり、妊婦が急に産気づいたりしたときに呼ぶのはpompiersである。災害や事故のあとの公道の障害物撤去や、ハチの巣や毒グモなどの退治も行う。pompiersに通報するときの電話番号は18である。

　pompiersはフランス陸軍に所属しており、そのため、7月14日の革命記念日に行われるシャンゼリゼ大通りの軍事パレードにも、隊を組んで参加する。

Virginie : Et c'est quelque chose qui m'est resté depuis que je suis petite. Et je me suis toujours dit, mais c'est vrai que <u>si jamais</u> je dois <u>me retrouver</u>, pour une raison quelconque, dans la rue devant tout le monde, il faut toujours être bien. Donc y a ça. Après, sur la tenue en particulier, bien sûr, je fais attention aux vêtements, aux <u>coupes</u>, à la structure, aux matières. Mais surtout, je trouve que le vrai chic, c'est d'être dans la simplicité, mais avec des <u>accessoires</u> qui, voilà, qui donnent une originalité à la tenue, qui apportent un signe de personnalité, <u>un plus</u>. C'est une manière de pouvoir montrer qui on est, sans <u>rentrer</u> dans de l'<u>extravagance</u>, en passant partout. Voilà.

■ Vocabulaire

- coupe（f.） カット
- accessoire（m.） ファッション小物類。スカーフ、ベルト、帽子、バッグなど、服に付随するものを指す。日本語で言う「アクセサリー」はbijou（m.）。
- extravagance（f.） 突飛さ

■ Grammaire

- **si jamais ～** 「もし万が一～したら」 jamaisは仮定であることを強調する。
- **me retrouver** 「突然～になる」〈se retrouver＋状態・場所の表現〉の形で、「気がついてみれば～になっている／～にいる」という意味になる。
- **un plus** 「プラスになること、プラスアルファ」 このplusは名詞で、[plys] と発音する。
- **rentrer** 「入る」= entrer。話し言葉ではentrerの意味でrentrerを使うことがよくある。

ヴィルジニ：それで、それが小さいときから私の中に残っているの。自分にいつも言い聞かせているし。確かに、もし万が一私が、何らかの理由で、気がついたら道で皆の前にいるなんてことになったら、いつもちゃんとしていなくていけない。だから、それがあげられるわね。それから、特に服装については、もちろん服や、カットや、構造や、素材に注意しているわ。でも特に、本当のシックとはシンプルさの中にあると思う。でも服装にオリジナリティーを与えて、個性のしるし、プラスアルファをもたらす小物類はつけなくてはね。それが、奇抜にならずに、どこにでも行くことができつつ、自分が誰であるのかを示すことができるやり方ね。

Virginie : Et je pense que ce qui est très important dans la mode, ce qui fait, je pense, le chic de la Parisienne, enfin, et de la Française, de manière générale, c'est de savoir ce qui nous va. On aime la mode, on aime les tendances, mais on n'est pas prisonnières de la mode, contrairement à des Américaines. Et je pense que c'est vraiment ça la force de la Française, c'est de savoir piquer ... en fait, c'est plus ... moi, c'est ce que je dis à mes clientes souvent, c'est la mode qui est au service des femmes et surtout pas l'inverse. Si on devient au service de la mode, là on rentre dans un côté fashionista, qui fait que souvent, on perd tout, justement, l'élégance, l'allure et le vrai style.

Milena : Mais est-ce que, pour rebondir sur ce que tu dis, est-ce que les fashionistas sont des victimes ? Ou alors y a une espèce de précurseurs, parce que... ?

Virginie : Ben, pour moi,...

■ Vocabulaire

- tendance（f.） トレンド
- piquer [俗] 自分のものにする
- fashonista [英] ファッショニスタ（ファッションに敏感な人）[の]。
- faire que＋文 ～という結果を生む
- allure（f.） 品格
- rebondir sur ～ ～について話を発展させる
- précurseur（m.） 先駆者

■ Grammaire

- **ce qui nous va**「何が私たちに似合うか」 間接疑問の文。このallerは〈aller à ～〉「～に似合う」の意味。
- **ben** bienのくだけた形。発音は [bɛ̃]。eh ben の形でもよく使う。ここは「つまり」「それはですね」という 意味で、相手の質問に対して説明するときに用いる。

ヴィルジニ：それから私が思うのは、ファッションでとても大切なことは、それがパリの女性の、と言うよりフランスの女性のシックさを一般に作っていると思うのだけど、それは何が自分に似合うのかを知るということね。私たちはファッションが好きで、トレンドが好きだけど、ファッションの囚人ではないのよ、アメリカの女性とは逆にね。それこそがまさにフランスの女性の力だと思う。自分のものにするすべを知っているということ。実際、もっと…それは私が顧客たちによく言っていることだけど、ファッションが女性たちに仕えているのであって、絶対にその反対ではない。もし私たちがファッションに仕えるようになったら、それはファッショニスタの側に入ることになって、その結果しばしばすべてを、まさにエレガントさ、品格、真のスタイルを失ってしまうことになる。

ミレナ：あなたの言っていることについて話を発展させるけれど、ファッショニスタって犠牲者なの？　それとも、一種の先駆者なの、なぜなら…？

ヴィルジニ：そうね、私にとっては…

Milena : Tout le monde ne peut pas être vraiment à la pointe...

Virginie : Ouais, pour moi, y a vraiment deux types. Il y a les célébrités qui sont, qui ont un style très pointu, qui sont finalement des leaders d'opinion, qui lancent des vraies tendances, parce qu'elles ont le pouvoir d'achat, parce qu'elles ont le réseau de marques qui met en avant sur elles des produits. Et après, y a ce qu'on appelle la fashionista, qui... où la mode est devenue sa passion et où là... qui, en fait, devient fashionista parce que c'est une application littérale de ce qu'elle voit dans la presse, sur les célébrités. Et là, on est finalement dans un transfert, presque, de personnalité.

Milena : Ah ouais !

■ Vocabulaire

- à la pointe　最先端にいる
- célébrité (f.)　有名人、セレブ
- pointu　最先端の
- pouvoir d'achat (m.)　購買力
- littéral　文字通りの
- transfert (m.)　移転

■ Grammaire

- **leader d'opinion (m.)**　「オピニオンリーダー（大きな影響力を及ぼす人物）」　leaderは［lidœr］と発音する。
  英語からの外来語で「人」を表す接尾辞 -erは、このように［œr］と発音するものと、［ɛr］と発音するもの（supporter ［sypɔrtɛr］「サポーター」）がある。

ミレナ：皆が最先端でいられるわけではないでしょう…

ヴィルジニ：そうね。私にとって2つのタイプがあるの。［1つは］セレブたちで、最先端のスタイルを持っていて、結局オピニオン・リーダーであって、まさにトレンドを世に出す人たちね。だって、セレブは購買力を持っているし、ブランドのネットワークを持っているから。そのブランドネットワークはセレブを使って製品を前面に出すわけ。それから、ファッショニスタと呼ばれる人たちがいるわ。ファッションが自分の情熱になっている人たちで…新聞・雑誌でセレブについて見るものを文字通りに適用するから、ファッショニスタになるの。それで結局、ほとんど個性の移転状態になってしまうのよ。

ミレナ：ああ、なるほど！

Interview 4

Virginie : C'est qu'on devient fashionista parce que... on copie quelque chose qui nous plaît. Mais... et c'est pour ça que... moi, je fais un métier de conseil en image, où à aucun moment, je ne parle de tendance. Je parle de personnalité, de morphologie et de comment on adapte la mode, et les envies et les goûts, à soi... pour que y ait une cohérence et que ce soit, justement, joli et agréable à regarder et que la personne se sente bien dans les vêtements. C'est ce que disait Chanel. Y a un moment, [où] la petite robe, faut pas que ce soit elle qu'on regarde, faut que ce soit la femme. Donc, voilà, une robe met en valeur la femme et c'est pas la femme qui met en valeur une robe, pour moi. Donc, voilà !

■ Vocabulaire

- morphologie (f.) 外見
- cohérence (f.) 一貫性
- mettre en valeur 引き立たせる

■ Grammaire

- **on copie quelque chose qui nous plaît** 「人は自分の気に入ったものをコピーする」 on は主語の形しかないので、直接目的語や間接目的語には nous（話し手を含まないときは vous）を使う。
- **de comment on adapte la mode, et les envies et les goûts, à soi** 「いかにファッションや欲求や好みを自分に適合させるかについて（話す）」〈parler de＋間接疑問文〉という形になっている。
- **pour que y ait** que はエリズィオンされていない。会話では、話したいことをどう表現するかを考えながら言わば即興で話すので、《que》と言ったあとに母音で始まる語が来ることもある。そういう場合エリズィオンは起こらない。これは話し言葉ではごく自然な現象で、他の que の場合も含めてよく起こる。
- **C'est ce que disait Chanel.** 「それはシャネルが言っていたことだ」 関係代名詞 que のあとの主語と動詞が倒置されている。関係代名詞のあとでは、よく主語と動詞の倒置が起こる。ただし、主語が代名詞のときは倒置できない。
- **la petite robe, faut pas que ce soit elle qu'on regarde, faut que ce soit la femme** 「リトルドレスも、人が見るべきはそのドレスではない、[着ている] 女性でなくてはいけない」 la petite robe という話題となる語をまず先に出し、そのあとそれを elle という代名詞で受け直して、それについて述べる、という構文になっている。

72

ヴィルジニ：ファッショニスタになるのは、なぜなら…人は自分の気に入ったものをコピーする。でも、そのせいで…私はイメージカウンセリングの仕事をしているけれど、そこでは私はどんなときでもトレンドの話はしないわ。私が話すのは、個性や外見のことや、いかにファッションや欲求や好みを自分に適合させるかについてだけど、それは、一貫性があるように、見た目にきれいで心地よくあるように、その人物が服を着て気分よくいられるようにするためなのよ。それこそシャネルが言っていたことなの。リトルドレスも、人が見るべきはそのドレスではない、[着ている]女性でなくてはいけないときがある。つまり、ドレスは女性を引き立たせるもので、女性がドレスを引き立てるのではないの、私にとってはね。そういうこと！

Culture

■ **Chanel（Coco Chanel）** ココ・シャネル（1883〜1971）。ファッションデザイナーで、ファッションブランド「シャネル」の創設者。ツイードやニット素材を女性服に取り入れたり、簡素で機能的なデザインの女性服を作ったり、喪服の色だった黒をファッションに取り入れたりするなど、革新的なアイディアでファッションの世界を変えた。

■ **la petite robe（la petite robe noire）** リトル・ブラック・ドレス。シンプルなデザインの黒のドレス。1926年にシャネルが発表し話題となった。様々なシーンで活用でき、そのエレガントさと洗練さで女性の魅力を引き立てることから、必ず一着は持ちたいドレスとされている。英語の《Little Black Dress》の頭文字をとって、LBDと略して使われることもある。

話し言葉の特徴　　2. il(s) の音の脱落

主語の人称代名詞il(s) は、最後の［l］の音が脱落して［i］と発音されることがあります。書くときにはyと表記します。

> Y répond plus à mes mails.
>
> 彼はもう私のメールに返事をくれない。

非人称のilも同様です。

> Y fait chaud ici.
>
> ここは暑い。

ilsの場合、次の動詞とリエゾンがあるとき、リエゾンの［z］の音は保たれます。書き取るときはzの文字を加えて示します。

> Y z'ont pas le temps de s'ennuyer.
>
> 彼らには退屈している時間はない。

ilが完全に脱落することもあります。特にil y a、il fautではよく起こります。

> Faut y aller.
>
> そこに行かなくてはいけない。

［l］の音の脱落の結果、qu'ilとquiがどちらも［ki］となり、音声上は区別できなくなることが起こります。

> Je sais qu'y dit ça.
>
> 私は彼がそう言っているのを知っています。
>
> Je sais qui dit ça.
>
> 私は誰がそう言っているのかを知っています。

フランスには、国民教育・青少年・スポーツ省という省があり、パリでもいろいろなスポーツイベントが行われますが、好きなスポーツは、人によって大きく異なります。

でもヴァカンスならば、誰にでも共通することがあるようです。それは、何も強制されず、好きなように過ごす、ということです。パリでは、事情があってヴァカンスに出かけられない市民のために、毎年夏に「パリ・プラージュ」というイベントを行っています。セーヌ河岸に大量の砂を運んできて砂浜を作るのです。ヤシの木やデッキチェアーもあり、市民たちは、海辺にいるような気分で日光浴をしています。泳ぐことはできませんが、それはあまり問題ではありません。何もしない贅沢が何より大切なのです。

Personnes interviewées
Maud CHETAILLE ／ 女性 ／ 38歳 ／ 教員（育休中）／ パリ・パリ郊外在住17年
Evelyne BOUSSARD ／ 女性 ／ 71歳 ／ 元役員秘書 ／ パリ・パリ郊外在住71年

子どものスポーツ

Q : **Plus généralement, quels sont les sports les plus pratiqués par les enfants, en France ? Est-ce qu'on peut en parler ? ... Aujourd'hui, oui, ou de tout temps ?**

Maud : Mes enfants, que ce soit garçon ou fille et autour d'eux, ils aiment beaucoup le vélo. C'est un moyen qui... un moyen de déplacement, en fait, agréable. Et notamment en vacances, on utilise essentiellement presque que le vélo pour se déplacer, et à tous âges. Et moi, quand j'étais vraiment dans Paris, là nous sommes en région parisienne, mais dans Paris, je n'utilisais que le vélo, voilà, plutôt que les transports en commun.

Q : **Voilà, donc, pour compléter la question consacrée aux sports pratiqués généralement par les enfants en France, Maud, vous aviez quelque chose à ajouter ?**

■ Vocabulaire

- de tout temps いつの時代でも、昔から
- déplacement (m.) 移動
- plutôt que 〜 〜よりむしろ
- transports en commun (m.pl.) 公共交通機関

■ Grammaire

- que ce soit garçon ou fille 「男の子であれ女の子であれ」 もともとは〈que＋文（接続法）ou que＋文（接続法）〉「〜であれ、〜であれ」の構文。ここでは、2つの文の主語と動詞が同じなので、2つ目の文ではそれらが省略されている（文ではなくなるので、queもなくなる）。
- que ne ... que 〜 「〜しか…ない」のque。
- à tous âges 「あらゆる年齢で」 〈tous[toutes]＋無冠詞名詞〉は「あらゆる〜」「全〜」という意味で、tous[toutes] les 〜と同じことだが、熟語になっていることが多い：à tous égards「あらゆる点で」、en toutes lettres「（全部の文字で→）省略せずに」、toutes sortes de 〜「あらゆる種類の〜」
- là 「今は」 話し言葉では、làは「今は」「ここでは」の意味でも用いられる。

♪Piste 9

質問者：より一般的に言って、フランスで、子どもたちによって最も行われているスポーツは何でしょう？　その話はできるかしら、現在のことでも、昔からのことでも。

モッド：私の子どもたちは、男の子も女の子も、それに彼らの周りでも、自転車が大好きよ。とても気持ちのよい移動手段よね。特にヴァカンスでは、移動するのに主としてほとんど自転車しか使わないわ、あらゆる年齢でね。私は、まさしくパリ市内にいたときは、今は私たちはパリ郊外にいるんだけれども、パリ市内にいたときは自転車しか使っていなかったわね。公共交通機関よりはむしろね。

質問者：フランスで一般的に子どもたちが行っているスポーツについての質問の補足として、モッド、何か言い足したいことがあったのね？

Culture

■ **le vélo**　自転車。フランスでは、スポーツとしての自転車競技が盛んである。毎年7月に3週間にわたって行われるle Tour de France「ツール・ド・フランス」（直訳は「フランス一周」）は、日本でもよく知られている有名な自転車ロードレースである。ツール・ド・フランスのゴールはパリのシャンゼリゼ大通りl'avenue des Champs-Élyséesだが、シャンゼリゼ大通りが一般通行止めになるのは、このツール・ド・フランスのゴールのときと、7月14日の革命記念日の軍事パレードのときの2回のみである。

　しかしながら、自転車を日常生活で移動の手段として使うことは、ヴァカンス先では別にして、フランスでは一般的ではない。インタビューのMaudのようなケースは比較的珍しい。そのような状況のなか、最近では行政側も、自転車専用レーンを整備したり、Vélib'「ヴェリブ」（p.185参照）という自転車レンタルシステムを始めたりするなど、環境に優しい自転車の利用促進をいろいろと試みている。

Maud : Oui, je pense que d'abord ça dépend des régions. Il y a des sports qui se pratiquent plus dans certaines régions que d'autres, je pense notamment au rugby. Il y a eu un fort <u>engouement</u>, dans <u>les dix dernières années</u>, pour... c'est un sport <u>collectif</u> où y a certaines valeurs qui sont transmises. Et y a beaucoup d'enfants, de petits garçons, qui <u>se sont mis au</u> rugby, peut-être plus que au foot, dans les dix dernières années. Le sport, c'est quand même aussi, souvent, selon si c'est une petite fille ou un petit garçon, y a quand même beaucoup de petites filles qui font de la danse ou de la gym, de la <u>gymnastique rythmique</u>. <u>Chez les petits garçons</u>, on trouve `le judo`, on trouve le tennis, le foot. Et y a beaucoup de <u>sports de glisse</u> qui se sont développés dans les quinze dernières années, <u>tout ce qui est</u> <u>patin à roulettes</u>, skate-board, <u>patin à glace</u>, qu'ils peuvent pratiquer... <u>roller</u>, ce qu'on appelle roller. Et puis, tout ce qui est ski. On trouve à la montagne le ski, le <u>surf</u>, <u>différents sports</u>... le snow-board, différents sports de glisse, voilà, qu'on pratique à la montagne aussi. Et je pense que ce sont des sensations de glisse qu'ils aiment retrouver en dehors des périodes d'hiver, voilà !

■ Vocabulaire

- engouement (*m.*) 夢中になること、ブーム
- collectif 団体の
- se mettre à 〜 〜を始める
- gymnastique rythmique (*f.*) 新体操
- sports de glisse (*m.pl.*) ボードスポーツ (スケートボード、サーフィン、ウィンドサーフィンなど)
- patin à roulettes (*m.*) ローラースケート
- patin à glace (*m.*) アイススケート
- roller (*m.*) ローラーブレード。発音は [rolœr]
- surf (*m.*) ここでは surf des neiges「雪のサーフィン」のことでスノーボードを指す。英語の snow-board も使う。

■ Grammaire

- **les dix dernières années** 「ここ最近10年」「(今から見て) 最後の10年」なので、この意味になる。
- **chez les petits garçons** 「男の子において」 この chez は「〜においては、〜にあっては」の意味。chez の他の意味のときと同様、chez のあとには「人」を示す名詞・代名詞がくる。
- **tout ce qui est 〜** 「〜であるものはすべて」 〜の部分に来る名詞には冠詞をつけない。
- **différents sports** 「いろいろなスポーツ」 複数名詞の前に置かれた différent(e)s は「いろいろな」の意味で、ふつう冠詞は付かない。

モッド：ええ、それはまず地方によると思う。ある地方では他の地方よりも多く行われているスポーツがある、特にラグビーのことを考えているのだけどね。ここ10年の間、ものすごいブームがあったわ。いくつかの価値を伝えるチームスポーツよね。たくさんの子どもたちが、少年たちがラグビーを始めたわ、たぶんサッカー以上に、この10年にはね。スポーツはやっぱり、女の子なのか男の子なのかにもよることがよくあるし、ダンスや体操、新体操をしている女の子たちはやっぱりたくさんいる。男の子たちだと、柔道、テニス、サッカーがあるわね。それから、たくさんの滑降スポーツが、ここ15年で大いに発展したわ。ローラースケート、スケートボード、アイススケートといったものすべて、することができるわね。あとローラーブレード、ローラーブレードって呼ばれているものね。それから、スキー関連のものすべて。山では、スキー、雪のサーフィン、様々なスポーツ…スノーボードや、様々なボードスポーツがあるわね。山ではこういうのも行うのね。滑る感覚というものを、冬の時期以外でも味わうのを子どもたちは好むんだと思うわ！

Culture

■ le judo　柔道。フランスでは柔道は人気のスポーツで、オリンピックでのメダル獲得数も多い（2021年東京2020オリンピックでは、金2個、銀3個、銅3個の計8個で、日本に次いで世界2位）。礼儀を重んじる柔道の精神が教育によいと考えて、子どもに柔道をさせる親も多いという。

柔道関連でフランス語に入った日本語をあげておくと：le judo「柔道」、le (la) judoka「柔道の選手」「柔道家」、le kimono de judo「柔道着」、le tatami「畳」。

学校でのスポーツ

Q : Y a-t-il une culture du sport en France, comme c'est le cas par exemple aux États-Unis ? Le sport est-il valorisé dans le cursus scolaire ou universitaire ?

Maud : En France, le sport a une place qui est plus importante qu'il y a un certain nombre d'années. Les enfants ont maintenant normalement deux fois par semaine, en tout cas deux heures par semaine de sport en primaire. Ça a pris plus de place, y a eu un grand développement des vêtements de sport, des magasins de matériel de sport. Mais, par rapport à la culture anglo-saxonne, je pense qu'en France, c'est quand même moins important. Ça n'a pas la même place. Je pense qu'en France, on a une culture... le sport, c'est du plus. Mais, ça a pas la même valeur. Et peut-être que, dans certaines écoles, quand même, je pense à une école dans Paris, qui est une bonne école, assez élitiste, là ils mettent beaucoup de sport. Ils ont développé des grands moyens parce qu'ils ont bien pris conscience de l'importance du sport pour qu'un élève, pour qu'un enfant soit bien dans sa tête et qu'il travaille bien.

■ Vocabulaire

- valorisé 評価されている
- cursus (*m.*) 課程
- un certain nombre de ～ いくつかの～
- matériel (*m.*) 用具
- plus (*m.*) プラスになること、プラスアルファ
- élitiste エリート主義の
- être bien dans sa tête 精神的に安定している

■ Grammaire

- c'est le cas 「そうである」 決まった表現で、否定文のce n'est pas le cas.「(事実は)そうではない」もよく使われる。
- Ça a pris plus de place 「時間数が増えた」 直訳すると「それはより多くの場所を占めた」だが、ここは時間割の話なので、「時間数が増えた」ということになる。

Piste 10

質問者：フランスには、たとえばアメリカでのような、スポーツ文化というのはあるでしょうか？　スポーツは、学校や大学の課程において高い価値が与えられている？

モッド：フランスでは、スポーツは何年か前よりも重要な地位を占めているわね。子どもたちは小学校で今、ふつう週に２回、いずれにしても週に２時間の体育があるの。時間数が増えたし、スポーツウェアやスポーツ用具のお店もすごく発達したわね。でも、アングロ・サクソンの文化に比べれば、フランスではやはりそこまで重要なものではないように思う。同じ地位を持ってはいないわね。フランスの文化では…スポーツはプラスアルファなのだと思う。でも同じ価値を持ってはいない。もしかしたら学校によってはそれでも…パリ市内のある学校のことを考えているんだけれど、そこはいい学校で、かなりエリート主義なんだけれど、そこではスポーツをたくさん［カリキュラムに］入れているのよ。いろいろな手段を充実させているの、生徒が、子どもが精神的に安定し、よく勉強するためにはスポーツが重要だと気付いたからなのね。

● **peut-être que** 〜「もしかすると〜」　peut-êtreが文頭に置かれると、ふつう主語と動詞が倒置されるが、話し言葉では〈peut-être que ＋文〉の形にして、倒置を避ける。ここのpeut-êtreは [pøtɛt] と発音されている。(p.64参照)

Culture　■ **le primaire（l'école primaire）**　小学校。2006年の改革以降、フランスのl'école primaireとは、3歳（場合によっては2歳）から6歳までの幼稚園l'école maternelleと、6歳から11歳までの初等学校l'école élémentaireを合わせたものになっている。l'école maternelleも2019年から義務教育になった。l'école élémentaire は5年間で、日本の小学一年生にあたる一年目がCP（cours préparatoire「準備課程」）、そのあとCE1（cours élémentaire 1「初級課程1」）、CE2（cours élémentaire 2「初級課程2」）、CM1（cours moyen 1「中級課程1」）、CM2（cours moyen 2「中級課程2」）となる。

　現在小学校は土曜日・日曜日のほか、一般に水曜日も休みであるが、授業時間はCPでも毎日朝8時半から夕方4時半までと長い。

**Q : D'accord, donc vous pensez qu'il y a une différence...
que le sport est moins valorisé en France dans le cursus...**

Maud : ... dans le cursus scolaire, oui. Moi, par exemple, j'étais assez sportive. Donc, pour mon bac, j'avais pris du sport en plus. Mais on considérait ça moins important, alors que c'était le même nombre de points, ça n'avait pas la même valeur que celui qui allait prendre littérature ou langues étrangères, par exemple.

Q : D'accord, très bien. Merci ! Evelyne, est-ce que vous voulez ajouter quelque chose ?

Evelyne : Non, mais effectivement, je pense que quand même, par rapport à mon expérience personnelle... moi, quand j'étais enfant, le sport avait beaucoup moins d'importance quand même que maintenant à l'école. Maintenant, ils ont quand même fait des progrès et y a davantage de sport que, moi, lorsque j'allais en classe.

■ Grammaire

● on considérait ça moins important 「そのことをそれほど重要ではないと見なしていた」 considérerはふつう〈considérer A comme B〉「AをBだと見なす」の構文で使うが、commeのない〈considérer A B〉という形も、誤用とされてはいるが、実際にはかなり使われている。

● celui 「人」 celui（celle, etc.）は、ふつうは前出の名詞に代わるが、代わるべき名詞がなく使われているときは、「…である人」を表す。

● très bien 「わかりました」 très bienはいろいろな意味で用いられるが、このtrès bienは、相手の言ったこと対する了解を表す。

● davantage de sport que, moi, lorsque j'allais en classe 「私が学校に行っていたときよりたくさんのスポーツ」 比較の対象を表すque ～の部分に、lorsque j'allais en classeという、時をあらわす文が来ている。moiは、その文の主語jeを先取りして示している。

質問者：わかりました。つまり、違いがあると…スポーツはフランスではそれほど高い価値が与えられていないと考えているのね、課程では…

モッド：…学校の課程では、その通りね。たとえば、私はかなりスポーツウーマンだったので、バカロレアではスポーツも取ったの。でも、それはそれほど重要だと見なされていなかった。同じ点数だったのに、たとえば文学や外国語を取ろうとした人と同じ価値は持ってなかったのよね。

質問者：わかりました、ありがとう！　エヴリーヌ、何か付け加えたいですか？

エヴリーヌ：いいえ、でも確かに、思うに、やはり私の個人的体験と比べて…私が子どものときは、スポーツはやはり今より学校での重要性がずっと低かったわ。今は進歩して、私が学校に行っていたときよりスポーツがたくさんあるわね。

■ le bac（baccalauréat） バカロレア。毎年6月に全国で一斉に行われる中等教育（高等学校）修了認定のための国家統一試験。合格者には大学入学資格が与えられるので、大学入学資格試験でもある（大学は個別の入学試験を実施しない）。受験できる回数には限りがある。

バカロレアには、一般バカロレア、技術バカロレア、職業バカロレアの3種類がある。一般バカロレアは受験科目によって、自然科学系、文学系、経済・社会科学系などの分野に分かれている。8科目から10科目の必須科目の他に、オプションという選択科目があり、スポーツや音楽（楽器演奏）や美術、あるいは第三外国語など、自分が得意なものを自由に受けることができ、ある点数以上だとその分を上乗せしてもらえる。

フランスのあらゆる試験と同様、各試験20点満点でつけられ、平均点10点以上が合格だが、合格の場合でも点数によってmentionと呼ばれる成績がつく。平均点が12点から13点がmention assez bien、14点から15点がmention bien、16点以上がmention très bien である。一般にはmention assez bienでも取るのがなかなか難しいので、avec mention（「mention つき」つまり12点以上）で合格、というのは価値がある。

一生を左右すると言われるバカロレアだが、合格率は上昇傾向にあり、2003年は63％だったのに対して、2021年は93.8％だった。

Maud : Ce que je peux ajouter, c'est que par contre, au niveau culturel, les enfants et même les gens qui font du sport à un niveau, en France, sont devenus des héros pour beaucoup de personnes, alors que peut-être qu'il y a vingt ou trente ans, c'étaient des stars de cinéma. Aujourd'hui, il y a des salaires, pour les sportifs, exorbitants, et ils ont pris... il y a une certaine disproportion, voilà !

Q : **D'accord, très bien !**

Evelyne : Non, mais ça c'est vrai que maintenant... parce que nous, autrefois... y avait, si, par exemple, un coureur comme Mimoun et peut-être un footballeur gagnait quand même beaucoup moins, même si c'était un sportif de valeur, quoi. Maintenant, je trouve que justement l'argent dans le sport est devenu trop important. Les gens ne pensent qu'à ça.

Q : **Oui, il y a un système de vedettariat qui s'est mis en place.**

■ **Vocabulaire**

● exorbitant　途方もない
● disproportion（*f.*）　不均衡
● coureur（*m.*）　ランナー
● de valeur　優れた

■ **Grammaire**

● **il y a un système de vedettariat qui s'est mis en place**「スター主義システムが作り上げられた」このil y aは存在を表すのではない。この文をUn système de vedettariat s'est mis en place. と言い換えても意味は同じになる。しかし話し言葉では、このil y a ... quiの構文が好んで用いられる（p.96参照）。vedettariat（*m.*）は「スター主義」という意味。

モッド：私が付け加えることができるのは、その代わり文化面では、フランスで、あるレベルでスポーツをしている子どもたちは、また大人たちも、多くの人たちにとってヒーローになっているということね。それに対して20年、30年前は、それは映画スターだったのじゃないかしら。今日では、スポーツ選手には法外な報酬があり、彼らは取った…ある種の不均衡がある、ということね！

質問者：わかりました！

エヴリーヌ：でも確かに今では…なぜなら私たちは昔は…そう、たとえばミムンのようなランナーはいたけど、サッカー選手は今ほどには稼いでいなかったかもしれないわね、たとえ優れたスポーツ選手でもね。今は、スポーツにおいてお金というものがあまりに重要になりすぎていると思うわ。人々はそのことしか考えていない。

質問者：そう、スター主義システムが作り上げられたのですね。

■ Mimoun（Alain Mimoun）　アラン・ミムン（1921〜2013）。フランスの元陸上競技選手。1956年のメルボルンオリンピックのマラソンで、金メダルを獲得した。レジオン・ドヌール勲章を授与されている。

余 暇 の 過 ご し 方

Q : **Alors, <u>à quoi consacrez</u>-vous votre temps libre en fin de journée ？ Evelyne ？**

Evelyne : Ben moi, en fin de journée, c'est surtout la télévision, quand je rentre. Et les <u>mots croisés</u>, également. Je fais <u>pas mal de</u> mots croisés... la télévision, un peu de lecture, mais moins. Depuis qu'y a la télévision, j'avoue que je suis assez <u>accro à</u> la télévision. Et je vais également au cinéma. Oui, j'aime beaucoup le cinéma.

Q : **Mais ça, ça vous oblige à sortir...**

Evelyne : Lorsque je travaillais, j'allais aussi beaucoup au théâtre. Mais là, j'avoue que j'y vais beaucoup moins maintenant... pour aller sur Paris... j'y vais moins.

■ Vocabulaire

- consacrer à 〜 〜に割く、費やす
- mots croisés (*m.pl.*) クロスワードパズル
- pas mal de 〜 かなりの〜
- accro à 〜 [俗] 〜中毒の。accroché を省略した言い方。

♪ Piste 11

質問者：では、夕方の自由な時間は何をして過ごしていますか？　エヴリーヌ？

エヴリーヌ：そうね、私は、夕方は特にテレビね、帰ってきたら。それからクロスワードパズルも。かなりクロスワードパズルはやるわ…テレビ、読書を少し、でもテレビほどじゃない。テレビがあるようになって以来、正直言ってかなりテレビ中毒ね。映画にも行くわ。ええ、映画が大好きなの。

質問者：でもそれだと、出かけなくてはいけない…

エヴリーヌ：働いていたときは、お芝居にもよく行ったわ。でも、正直言って今はずいぶん行かなくなったわね…パリに行くには…あまり行かなくなってるわ。

Culture

■ **la télévision**　テレビ。フランス全土で見ることができる主な地上波放送は、国営放送であるFrance 2、France 3、France 4、France 5、Arte（ドイツとの共同チャンネル）、民間放送のTF1、M6、有料チャンネルのCanal+である。
　フランスにはテレビ税contribution à l'audiovisuel publicという税金があり、テレビを所有していれば（たとえ見ていなくても）支払わなくてはいけない。金額は年々上がる傾向にあり、2020年度は一世帯につき年間138ユーロである（所有台数は問わない）。これは国営放送の予算の一部に充てられる。なお国営放送でもテレビコマーシャルはある。

Q : **Sinon, comment passez-vous vos week-ends et vos jours de congé ?**

Maud : Alors, mes week-ends... <u>mes enfants allant en classe la semaine</u>, c'est pendant la semaine que je trouve un peu de temps pour faire différentes choses que j'aime. Et les week-ends, c'est consacré à la vie familiale. C'est vrai que les enfants ont quelques activités de sport. Ou... notre fils aîné fait du <u>scoutisme</u>, voilà, je sais pas si ça existe au Japon, mais en France, voilà, c'est une activité <u>au grand air</u> avec d'autres enfants de son âge. Et puis ils ont... souvent, on les accompagne à des anniversaires. Les week-ends, on aime <u>recevoir</u> des amis ou aller chez des amis, ou bien faire une promenade ensemble. <mark>Nous aimons aller nous promener</mark>,

■ Vocabulaire

● scoutisme（m.） ボーイスカウト活動
● au grand air 野外で
● recevoir 招く、（客として）迎える

■ Grammaire

● **mes enfants allant en classe la semaine** 「子どもたちは平日学校に行っているので」 現在分詞allantは原因を表す。この例のように、現在分詞はそれ自体の主語を持つことができる。la semaineは「（休日に対しての）平日」という意味。

質問者：そのほか、週末やお休みの日はどのように過ごしている？

モッド：そうね、私の週末は…子どもたちは平日学校に行っているので、私が自分の好きないろいろなことをするために少しの時間を見つけることができるのは、平日の間ね。そして週末は、家庭生活にあてるの。確かに、子どもたちはいくつかスポーツ活動をしているわ。あるいは…私たちの長男はボーイスカウト活動をしているの。日本にもあるのかは知らないけれど、フランスでは、同じ年齢の他の子どもたちと野外で行う活動よ。それから子どもたちは…よく子どもたちをお誕生日会に送っていくわね。週末は、友だちを招いたり友だちの家に行ったり、あるいは一緒に散歩したりするのが好きだわ。私たちは散策に行くのが好きなのよ、

Culture

■ **Nous aimons aller nous promener**　「私たちは散歩に行くのが好き」フランス人は一般的に言って、散歩するのが好きである。休みの日の公園はどこも、散歩を楽しむカップルや家族連れでにぎわう。家族で集まったり友人を招いたりして食事をしたときも、食後によくみんなで散歩する。そういう会食は時間も長くなるので、からだを動かし気分転換するのにぴったりなのである。またフランスでは、日曜日は観光地を除いて商店は（デパートやスーパーも）原則として休みなので（法律がある）、休日の過ごし方としてショッピングに出かけるという選択肢がないことも、もしかすると多少関係しているのかもしれない。

soit dans les musées, soit en forêt. Comme nous avons cinq jeunes enfants, nous faisons souvent quand même des promenades, des activités physiques. Alors là, nous sommes en automne, on va aller ramasser des champignons ou des châtaignes, construire des cabanes dans les bois. Voilà. On fait un peu de musique, aussi. On aime écouter de la musique. On aime faire du sport ensemble. Le dimanche, nous allons à l'église, chaque dimanche matin. Et voilà, et j'essaie le moins possible d'avoir de courses à faire. J'essaie de faire ça en semaine, pour pouvoir avoir un temps de qualité pendant le week-end. Et j'aime aussi cuisiner. Donc, souvent, la cuisine a quand même une place importante. Et dès que... notamment les jours de fête. Et voilà.

Maud : Oui, je peux juste ajouter que, notamment mon mari... on aime bien aller à l'extérieur, jardiner. Et le jardinage, c'est une activité assez importante. Y a beaucoup de Français qui aiment bien jardiner, prendre soin de leur jardin et, notamment, on se retrouve avec les voisins de la résidence pour jardiner parfois et se retrouver autour du jardin.

■ Vocabulaire

● résidence（*f.*）マンション

■ Grammaire

● **soit dans les musées, soit en forêt**「美術館あるいは森に」〈soit 〜, soit ... 〉は「〜あるいは…（のどちらか）」の意味。

● **Comme nous avons cinq jeunes enfants**「私たちには5人の年若い子どもたちがいるので」この〈comme＋文〉は「〜なので」という理由を表す。必ず文頭に置く。

● **cinq jeunes enfants**「5人の年若い子どもたち」jeune enfantは、多少人によって使い方に差があるが、だいたい5、6歳以上の年齢の子どもを指し、それ以下はpetit enfant「小さい子ども」と呼ぶことが多い。

● **j'essaie le moins possible d'avoir de courses à faire**「私はなるべくしなくてはいけない買い物がないようにしている」le moins possible はde coursesにつながり、le moins possible de courses「可能な最も少ない数の買い物」となる。J'essaie d'avoir le moins possible de courses à faireの語順のほうが、より構文としてわかりやすいが、話し言葉ではこのような倒置はよくある。この文を直訳すると「可能な最も少ない数のするべき買い物を持とうと努める」。

美術館や森にね。私たちには5人の年若い子どもたちがいるので、やはりよく散歩をしたり運動をしたりするわ。今は秋だから、キノコや栗を拾いに行ったり、森の中へ枯れ枝の家を作りに行ったりする。音楽も少しするわね。音楽を聴くのが好きだし、一緒にスポーツをするのも好き。日曜日には私たちは教会に行くの、毎週日曜の朝にね。私はなるべくしなくてはいけない買い物がないようにしている。それは平日にするようにしているの、週末の間、質のよい時間を持てるようにするためにね。それから、私はお料理をするのも好き。だから、お料理はやはり重要な位置を占めているわね。だから、すぐに…特に祭日にはね。こんな感じよ。

モッド：そう、私が一言付け加えられることは、特に夫が…みんな外に行って、庭いじりをするのが好きだということ。庭いじりって、かなり重要な活動ね。庭いじりをしたり、庭の手入れをしたりするのが好きなフランス人は多いわ。時々庭いじりをしたり、庭の辺りにいたりするために［外にいると］マンションのお隣さんたちと一緒になるのよ。

Culture

■ la châtaigne　栗。châtaigneはchâtaignier「栗の木」の実で、食べることができる。一方、日本語でも「マロン」で知られるmarronは、本来はmarronnier「マロニエの木」の実で、こちらは食べられない。しかしながら、marronをchâtaigneの意味で使うこともあり、特に調理した栗の場合は、marron grillé「焼き栗」のようにmarronを使うことも多い。言葉として少々複雑な事情がある。
■ la cabane　枯れ枝の家。「小屋」という意味の語だが、ここのように子どもたちが森で作るcabaneとは、枯れ枝を集めて、それらをテントのような形に組み立てて作ったものを言う。
■ Le dimanche, nous allons à l'église　「日曜日、私たちは教会に行く」フランスは、歴史的には「カトリック教会の長女」と呼ばれるほどカトリック信者が多い国だった。しかしながら、ある統計によれば1986年には国民の約80％を占めていたカトリック信者は、2017年には48％を占めるに過ぎなくなっている（他の宗派も含めたキリスト教信者は54％）。そのうち、Maud一家のように、きちんと教会に通うpratiquantと呼ばれる人たちは、信者のうちの10％程度である。
　そのかわりに増えているのは、自分は「無宗教」だと答える人たちで、その割合は1986年が15.5％であるのに対して2017年は38％にも達している。

ヴァカンスの宿泊先

Q : **Alors, nous allons passer aux différents modes d'hébergement pratiqués par les Français. Donc, Maud vous nous disiez que vous alliez... vous passiez vos vacances dans une maison de famille, c'est cela ? Et Evelyne, donc c'était chez des amis quand vous alliez en Grèce.**

Evelyne : Alors, quand j'allais en Grèce, c'était au départ, chez l'habitant. Parce qu'à l'époque, c'est vrai que ça se pratiquait beaucoup, donc chez l'habitant, mais ensuite, j'allais à l'hôtel. Et en France, c'est pareil. C'était soit une location... avec mes parents, c'était... on louait une maison et on allait en location, quelquefois, à l'hôtel, ou alors, dans de la famille, aussi, également.

Q : **D'accord ! Oui. Sinon, est-ce qu'on peut évoquer peut-être les différents modes d'hébergement... pratiqués par les Français?**

▶**Note**

ここには収録できなかったが、このインタビュー部分の前に、ヴァカンスではどこに行くかという話があった。モッドは家族のいる田舎に行くと話し、エヴリーヌは、友人がいたのでギリシャにずっと行っていた、と話していた。

■ **Vocabulaire**

● hébergement（*m.*）　宿泊
● évoquer　言及する

■ **Grammaire**

● **de la famille** 「親戚」 familleに部分冠詞がついているときは「親戚（のうちの何人か）」の意味。この部分冠詞は、集合名詞の構成要素の一部分を表している。

質問者：では、今度はフランス人が行っている、さまざまな宿泊の方法に話を移しましょう。モッドは言っていたけれど…ヴァカンスを家族の家で過ごすと言っていたわよね？　エヴリーヌはギリシャに行っていたときは、友だちの家ですね。

エヴリーヌ：ギリシャに行っていたときは、最初は民家に泊めてもらったわ。当時は確かによく行われていたのよ、だから民家だったの。でもそのあとはホテルに行っていたわ。フランスでも同じよ。借りる時もあったし…両親と一緒に…家を借りて、借りた家に出かけたり、ときどきはホテルに行って、あるいは親戚のところにも行っていたわね。

質問者：わかりました！　そう、そのほか、フランス人が行っているさまざまな宿泊の方法をあげることができるかしら？

Culture

■ **chez l'habitant**　民家に。loger chez l'habitant「民家に泊まる」とは、たいていは組織的ではない宿泊の形で、泊める側が、宿泊場所を探している人がいたときに、文化交流のためやボランティア精神から家の一室を提供するような場合を言う。必要があったときに限定的に行われることが多く、費用に関してはケースバイケースである。

　それに対して、loger dans une famille d'accueil「ホームステイする」とは、一般に組織的な宿泊システムで、費用や条件が定められており、前もって取り決めをして予約しておく必要がある。

Maud : Alors, en France, y a quand même beaucoup de gens qui aiment aller chez leurs parents. Notamment en région parisienne, quand ils cherchent à avoir de l'espace, que ce soit à la campagne ou même dans des villes. Donc, effectivement, autour de moi, beaucoup de gens font ça, notamment pour les vacances durant l'année. Et puis, y a quelque chose qui s'est beaucoup développé et que nous utilisons de temps en temps pour les week-ends, ce sont les chambres d'hôtes. C'est un véritable phénomène en France, où ont été réhabilitées des jolies maisons ou des fermes, qui permettent d'accueillir notamment des familles comme nous, voilà, dans des endroits où on va à la rencontre des gens qui nous accueillent. Donc, c'est des gens qui ouvrent leur maison et qui ont transformé ça un peu en hôtel, mais de manière plus conviviale. Et puis, on trouve maintenant des maisons à louer avec Internet. Y a beaucoup de sites qui permettent d'affiner les recherches pour louer des maisons, notamment en bord de mer. Je pense qu'en France, les gens aiment soit le bord de mer, soit la montagne, pour beaucoup. Et quand on veut des endroits à l'intérieur de la France, on est plus au calme.

■ Vocabulaire

- réhabiliter　改修する
- à la rencontre de ～　～と出会うために
- convivial　打ち解けた、なごやかな、和気あいあいとした
- site (*m.*)　サイト
- affiner　きめ細やかにする
- recherche (*f.*)　検索

■ Grammaire

- phénomène　「ブーム」「現象」という意味の語だが、「ブーム」に近い意味でも使われる。
- Internet　「インターネット」　もともとは固有名詞なので、冠詞をつけず、大文字で書き始める。しかし最近では、冠詞をつけて l'Internet、さらには大文字も使わずに l'internet と表記されることも増えている。一般名詞化しつつある証拠だと言える。

モッド：そうね、フランスでは、やはり両親の家に行くのを好む人たちが多いわ。特にパリ地方にいて、もっと広いスペースを手に入れようとするときはね、それが田舎であっても、また都会であったとしてもね。実際に、私の周りでは多くの人がそうしているわ、特に学年度内のヴァカンスではね。それから、大いに発展しているものがあって、私たちも週末にときどき利用するのだけれど、それはシャンブル・ドットなの。フランスではまさにブームになっていて、きれいな家や農家が改修されて、特に私たちのような家族を迎えることができるようになっているのよ。その土地に、迎えてくれる人たちに出会いに行くのね。つまり、自分の家を開放して、家を少しホテルのように、でももっと和気あいあいとした感じに改築した人たちよ。それから今では、インターネットを使って貸家を見つけるのよね。たくさんのサイトがあって、特に海沿いに家を借りるにも、きめ細やかな検索ができる。フランスでは、人々は、海沿いか山のどちらかが好きなのだと思う、多くの人たちがね。フランスの内陸部の場所を望むと、もっと落ち着いていられるわ。

■ **les vacances durant l'année**　学年度内のヴァカンス。l'année は l'année scolaire「学年度」の意味で9月から6月までのことなので、7月、8月の夏のヴァカンス以外の次の4つを指す。
・万聖節の休み vacances de la Toussaint　万聖節（11月1日）前後の2週間
・クリスマスの休み vacances de Noël　クリスマス（12月25日）前後の2週間
・冬休み vacances d'hiver　2月から3月にかけての2週間
・春休み vacances de printemps　4月から5月にかけての2週間
　フランスでは、全国を3つの学区Zone A、Zone B、Zone Cに分けて、学校（高校まで）の休みの時期を定めている。万聖節の休み、クリスマスの休み、夏休みはどの学区でも同じ日程だが、冬休みと春休みは学区ごとに1週間ずつ開始をずらす。道路の渋滞や行楽地の混雑を緩和するためである（パリはZone C）。
■ **la chambre d'hôtes**　「シャンブル・ドット」とは、一般家庭がゲストルームでの宿泊と朝食を提供するシステムのことをいう。郊外や地方などでは、別棟を改築して提供していることもある。宿泊費は比較的安いうえに、まさにアットホームな雰囲気であるため人気がある。
　シャンブル・ドットは地方に多く、また多くの村ではこのシャンブル・ドットが唯一の宿泊手段であるのに対して、都市部ではその数は少ない。それでもパリ市内には約600のシャンブル・ドットがある。
　シャンブル・ドットの中には、「ターブル・ドット」table d'hôtesと呼ばれる、昼食または夕食を提供するサービスを行っているところもある。オーナー家族や他の宿泊客と一緒にテーブルを囲む。

話し言葉の特徴　　3. il y a ... qui の構文①

話し言葉では、不定の（＝特定されていない）名詞、つまり不定冠詞や部分冠詞の付いた名詞を主語にした文は避ける傾向にあり、そのかわりに il y a ... qui の構文がよく使われます。

> Un touriste étranger m'a demandé le chemin de la gare.
> → Il y a un touriste étranger qui m'a demandé le chemin de la gare.
>
> 一人の外国人観光客が僕に駅に行く道を尋ねたんだ。

> De la fumée sort du moteur de ta voiture.
> → Il y a de la fumée qui sort du moteur de ta voiture.
>
> 君の車のエンジンから煙が出ているよ。

これは、不定の名詞は、なるべく動詞の右側に置こうとするフランス語全般の特徴とも合致しています。たとえば、非人称構文がその一例としてあげられます。

> Une chose bizarre s'est passée.
> Il s'est passé une chose bizarre.
>
> 奇妙なことが起きました。

どちらも正しいフランス語ですが、非人称の構文のほうが、より自然なフランス語です。それは、不定の名詞（une chose bizarre）が動詞の右側に置かれているからです。

ただ、このような非人称の構文が可能な動詞は限られています。非人称の構文にすることができない動詞の場合、書き言葉では不定の名詞を主語にした文も使われますが、話し言葉ではなるべくそれを避けて、il y a ... qui という構文を使うのです。

Chapitre 4　交通手段

　パリの公共交通機関は主としてメトロ（地下鉄）とバスですが、どちらも市内をくまなく走り、しかも料金が安いので、とても便利です。メトロは、駅と駅の間が短いので、目的地の近くまで行けるだけでなく、町を歩いている途中で駅を見つけるのに苦労しません。バスの中には、観光スポットを通っていく路線もあって、窓から眺める楽しみもあります。

　さらに、トラム（路面電車）も2006年にパリ市内で復活しました。これは車利用を減らす環境対策であると同時に、パリの端をぐるりと囲むようにして走って、メトロでは不十分だった市の周辺部での横のつながりを充実させる役目を果たしています。

Personnes interviewées

Salah NADIF ／ 男性 ／ 24歳 ／ エレベーターメンテナンス技術者 ／ パリ：パリ近郊在住24年

Robin LEFORT ／ 男性 ／ 19歳 ／ 大学生（パリ第VI大学数学・情報科学専攻）／ パリ在住19年

公 共 交 通 機 関 の 利 用

Q : **Alors, prenez-vous souvent les transports en commun ?
Qui est-ce qui veut commencer ? Salah ?**

Salah : Ben, plus maintenant ! Mais maintenant, vu que je suis en
voiture, souvent, je vais au travail en voiture. Au travail, je suis tout le
temps en voiture aussi. Donc, plus maintenant, non ! C'est vraiment
que la voiture, que la circulation sur Paris. Plus de transport !

Robin : Moi du coup... avant j'étais dans mon lycée, qui était
plutôt proche de chez moi, donc je pouvais y aller à pied. Mais
depuis que je suis à la fac, là, c'est plus loin. Donc, j'ai quand
même une demi-heure de métro, non, une heure aller-retour de
métro, tous les jours, pour aller à ma fac. Donc, j'ai quand même
changé, je prends beaucoup plus le métro qu'avant.

■ Vocabulaire

● vu que ～　～だから

■ Grammaire

● plus maintenant「もう今は違う」plusはne ... plus「もはや…でない」のplus。
● que la voiture, que la circulation sur Paris「車だけ、パリでは車で走るだけ」queはどちらも、ne ...
que ～「～しか…でない」のque。
● proche de chez moi「私の家の近くに」chez は〈前置詞＋chez＋名詞（代名詞）〉という形でも用いられる：
Il était devant chez moi.「彼は私の家の前にいた」。

Culture　■ la fac (= la faculté)　大学、学部。フランスには83の大学（厳密にはステイタスの違う
ものがあるため、数え方によっても異なる）があり、ほとんどが国立である。日本には国公私立を
合わせて800近い大学があることを考えると、フランスの人口は日本の半分であることを考慮し
ても、多い数ではない（それでも多すぎだという意見もある）。国立大学は無償で、つまり授業料や入学金は
なく、図書館利用費や学生保険などの諸費用を支払うだけである。
　パリには、パリ第1大学からパリ第13大学まで13に分かれるパリ大学があったが、2008年から2020年
にかけて、一部の離脱や統合が行われた。

Piste 13

質問者： 公共交通機関はよく使う？　誰から始める？　サラ？

サラ： そうだね、今はもう使わないね！　今はしょっちゅう車だから、車で仕事に行くし。仕事でもいつも車だから、もう今は使わないね！　本当に車だけ、パリでは車で走るだけ。もう公共交通機関は使わないね！

ロバン： 僕は…以前は高校にいて、どちらかというと家の近くだったから、歩いて行くことができたんだけど、でも大学になってからは、もっと遠くなって。大学に行くのに毎日地下鉄で30分、いや地下鉄で往復1時間かかるんだ。だから、やっぱり変わったよ、以前より地下鉄をずっと使うようになったね。

■ **le métro**　地下鉄。le chemin de fer métropolitain「首都鉄道」を略したもの。現在1号線から14号線まで14路線（7号線と13号線は途中で分岐）、約300の駅があり、パリ市内を網羅している。大部分が地下を走るが、名称には地下の意味はなく、実際地上部分もある。最初の1号線は1900年のパリ万博にあわせて開通した。大きな黄色いMのマークが地下鉄の駅の目印だが、地下鉄入り口のデザインは、アールヌーヴォーの建築で有名なギマールの設計による。現在ではその多くが複製だが、当時のものもわずかに残る。運営するRATP（パリ交通営公団）は、地下鉄のほかバス、トラムも運営しているので、切符は共通である。
　　駅のホームの中には、それぞれの場所の歴史や近辺の歴史的建築物にちなんだ装飾が施されていたり、関連する品が展示されていたりするものがあり、なかなか興味深い。いくつか紹介すると：
・バスティーユ駅 Bastille（5番線）　かつてバスティーユ広場にあったバスティーユ要塞の土台の一部が展示されている。牢獄となっていたバスティーユの襲撃（1789年7月14日）がフランス革命の発端となった。
・アール・ゼ・メティエ駅 Arts et Métiers（11号線）　駅名は、隣接する国立工芸学院 Conservatoire national des arts et métiers と国立工芸博物館 Musée national des arts et métiers に由来する。その創立200年を記念して施工されたホームは、メトロのホームの特徴であるトンネルの形全体が、鋲打ちされた銅板で覆われていて、潜水艦の中をイメージした造りになっている。SFの父と言われるフランスの作家ジュール・ヴェルヌ Jules Verne の『海底二万里』に出てくるノーチラス号 le Nautilus を思わせる。
・コンコルド駅 Concorde（12号線）　ホームの壁面には、青字のアルファベットが書かれた白いタイルが一面貼られている。スペースも句読点もないので一見わかりにくいが、これは「人間と市民の権利の宣言（フランス人権宣言）」Déclaration des Droits de l'Homme et du Citoyen の条文である。

Q : **D'accord, OK ! Très bien... Donc, ben Robin, toi, je pense que tu es plus particulièrement concerné par cette question. Qu'est-ce que le métro a de plus pratique par rapport à la voiture ou à la moto ?**

Robin : Je prends pas extrêmement souvent la voiture, donc dans Paris en tout cas. Mais je sais que les peu de fois où je la prends, c'est quand même assez bouché, la plupart du temps. Et pour trouver une place en plus, c'est impossible. Donc, le métro, c'est vrai que c'est pas mal. Et en plus, pour l'instant, je peux pas... j'ai pas le permis, donc je ne peux pas prendre de voiture. Donc, du coup, c'est aussi un peu par dépit.

■ Vocabulaire

● bouché　渋滞している
● permis（*m.*）　運転免許証(=permis de conduire)

■ Grammaire

● **Qu'est-ce que le métro a de plus pratique**「地下鉄のより便利なところは何か」　de plus pratique は文頭の疑問詞queを修飾する。この文を直訳すると「地下鉄はより便利な何を持つか」となる。

● **les peu de fois où je la prends**「車を使うごくわずかなときに」　le peu de fois「ごく少ないとき」と les rares fois「まれなとき」が混ざってしまっている。

● **c'est aussi un peu par dépit**　わかりにくい言い方になっているが、《Je n'ai pas le choix.》「そうするしかない」のような意味で言っているかと思われる。

質問：わかりました、ＯＫ！　はい…ではロバン、特にあなたにこの質問が関係
していると思うんだけれど、車やバイクと比べて、地下鉄がより便利なところっ
て何かしら？

ロバン：僕はあんまり車を使わない、いずれにしてもパリ市内ではね。でも、車
を使うごくわずかなときも、やっぱりほとんどいつもかなり渋滞しているってことは
わかっているよ。そのうえ、停める場所を見つけるのも不可能だね。だから、
確かに地下鉄は悪くないよ。それに、今のところ、僕はできないから…免許を持っ
ていないから、車は使えない。だからそうするしかないよ。

Culture

■ **pour trouver une place en plus, c'est impossible** 「そのうえ、停める場所を見
つけるのも不可能である」パリは、車の数に比べて駐車スペースが少なく、停める場所を見つける
のに大変苦労する。地上には、駐車場がほとんどなく、主として道路脇の路上駐車スペースと地下
駐車場（どちらも有料）を使うことになる。路上駐車を見ると、びっしりと隙間のない縦列駐車になっていて、
どうやって出入りするのか不思議である。見ていると、バンパーを前後の車に当てて押してスペースを確保
して、出たり入ったりしている。ときに二列の縦列駐車になっていることもあり、一層驚く。かのシャンゼ
リゼ大通りの地下は大駐車場になっている。ちなみにフランスではほとんどがマニュアル車である。

Q : **Alors, le moyen de <u>locomotion</u> que vous utilisez, ça va concerner surtout Robin, <u>connaît-il</u> une <u>heure de pointe</u> ?**

Robin : Ouais, ça dépend après souvent des <u>lignes</u> et des endroits, mais en général, c'est... le matin, déjà, de 7 heures et demie à 9 heures, c'est bien... sur à peu près <u>n'importe quelle</u> ligne, <u>y a du monde, quoi</u>... surtout, ouais, <u>la 13</u>. Je prenais la 13 avant et la 7, c'est pas mal aussi. Mais... et y en a une aussi... Ben après, quand tout le monde rentre du travail...

Salah : La ligne 9 aussi, elle est pas mal.

Robin : <u>Hein ?</u> Ouais. Ouais, effectivement, je la prends pour rentrer chez moi celle-là. Oui, et y a aussi... ben oui, après pour rentrer du travail, de 17 heures 30 à 20 heures, c'est... c'est l'enfer !

■ Vocabulaire

- locomotion (*f.*) 移動
- connaître （「物」が主語で）持つ
- heure de pointe (*f.*) ラッシュアワー
- ligne (*f.*) 路線
- n'importe quel(le)(s)＋名詞 どんな～でも

■ Grammaire

- y a du monde, quoi 「人が多いってこと」 このquoiはくだけた表現で、先行する説明などをしめくくって「要するに～だ」の意味で、文末で使われる。
- la 13 「13号線」 la ligne 13のligneが省略されている。
- hein ? 「え？」 相手に「え？ なんだって？」と聞き返すときに使う。

質問： では、使っている移動手段は、これは特にロバンに関わるでしょうけれど、ラッシュアワーがある？

ロバン： うん、路線や場所にもよるけれど、一般的に言って…まず朝、7時半から9時、確かに…ほとんどどの路線でも、人が多いってこと…特に、そう、13号線だね。前は13号線を使っていたんだ、それから7号線もかなりだね。でも…もう一つあるよ…それからあとは、みんなが仕事から帰ってくるときだね…

サラ： 9号線も、かなりだよ。

ロバン： 何だって？　うん。うん、確かにね、家に帰るときに使うよ、その線。うん。それからまた…そう、あとは仕事から帰るために、17時30分から20時だね、これは…これは地獄だよ！

パリの地下鉄　©gabriel12/Shutterstock.com

地 下 鉄 で

Q : Sinon, que faites-vous... Salah, je pense que vous êtes occupé à <u>tenir le volant</u>, mais Robin, dans le métro, qu'est-ce que vous faites ?

Robin : En général, j'écoute de la musique. En plus, c'est bien le matin d'avoir de la musique pour se... justement, vu qu'y a beaucoup de monde en plus, pour se remettre un peu dans... pour se réveiller un peu avant d'aller en cours, c'est pas mal, <u>disons</u> ! Et sinon... sinon, je joue sur mon portable ou je lis, <u>des fois</u>.

Salah : Ben, en fait, dans les quartiers un peu <u>sensibles</u> de Paris, qui sont par exemple le 18e arrondissement, le 19e et le 20e, principalement, ces trois arrondissements, le nord de Paris, c'est assez <u>délicat</u>, <u>le fait que</u> si on a la dernière technologie iPhone ou peu importe, c'est plus facile aux* [pour les] <u>dealers</u>, enfin, aux* [pour les] <u>bandits</u> de venir s'attaquer à une personne qui est toute seule et d'être en groupe et de lui voler ou d'être même agressif, aller le taper, faire un <u>guet-apens</u>, dans les transports, ouais, <u>à la vue de</u> tout le monde en plus, malheureusement, c'est ça, le pire, c'est que c'est à la vue de tout le monde.

■ Vocabulaire

● tenir le volant （ハンドルを握る→）運転する
● disons　言ってみれば
● des fois　ときどき
● sensible　デリケートな
● délicat　デリケートな、厄介な
● dealer（m.）　密売人
● bandit（m.）　強盗
● guet-apens（m.）　待ち伏せ
● à la vue de ～　～の見ている前で

Piste 14

質問者： あと、何をしている…サラは、運転をするのに忙しいと思うけれど、ロバンは、地下鉄では何をしているの？

ロバン： ふつうは音楽を聴いているね。それに、音楽があるって朝にはいいよね…ちょうど、それにたくさんの人がいるから、少し元に…授業に行く前に目を覚ますには悪くないよ、言ってみればね！　じゃなかったら…じゃなかったら携帯でゲームをしているか、ときどきは本を読んでいるかな。

サラ： そう、パリの少しデリケートな地区では、たとえば特に18区、19区、20区では、この3つの区は、パリの北部だけど、かなり厄介だよ、iPhoneでも何でもいいけど、最新のテクノロジーを持っていると、密売人というか強盗が、一人でいる人を襲ってきたり、集団になって盗んだり、あるいは攻撃的だと殴りに行ったり、待ち伏せをしたりすることが起こりやすいからね。公共交通機関で、そう、しかもみんなの見ている前でね。残念だけど、そこなんだ、もっとも悪いのは、みんなの見ている前で、ということなんだ。

■ Grammaire

● **le fait que ～** 「～という事実」 ここのle fait que の使い方は曖昧で、à cause du fait que 「～という事実のせいで」、parce que 「なぜなら」ぐらいの意味でサラは使っている。次のサラの発言に出てくる le fait que も同じ。

Salah : Surtout même les touristes, quand on regarde les touristes, y sont très... c'est les plus visés aussi, même. C'est vrai que c'est les plus visés. Le fait qu'ils sont vulnérables, y connaissent pas la langue, y sont perturbés... y savent qu'y vont pas aller porter plainte... Donc, y s'attaquent à eux directement, le plus souvent.

■ Vocabulaire

● visé　ねらわれた
● vulnérable　弱い

■ Grammaire

● **y savent qu'y vont pas aller porter plainte** 「彼らは観光客が告訴しないだろうとわかっている」
y savent の y = ils は「スリたち」、qu'y vont の y = ils は「観光客たち」を指す。porter plainte は「告訴する」。

● **y s'attaquent à eux** 「彼らは彼ら（観光客）を直接攻撃する」 代名動詞の場合、à ～の部分は、間接目的の代名詞（この文なら leur）にすることはできず、〈à ＋強勢形〉の形にする：Je me suis adressé à Claire. 「私はクレールに話しかけた」→ Je me suis adressé à elle. 「私は彼女に話しかけた」

サラ： 特に観光客だってそうだよ。観光客を見ていると、彼らはとても…確かに一番狙われてさえいるよ。一番狙われているというのはほんとだよ。彼らは弱いし、言葉がわからないし、動揺しているし、彼ら［スリたち］は、彼ら［観光客たち］が告訴しないだろうとわかっているからね…だから彼らはたいていの場合、観光客を直接襲うんだ。

Culture

■ **les touristes**　観光客。2018年にフランスを訪れた外国人観光客は約8,940万人で、過去最高の数字となった（Insee フランス国立統計経済研究所発表）。この数は世界一位であり、フランスの人口約6,700万人をはるかに超える数の観光客が毎年訪れていることになる。ただ、観光収入の点では、アメリカ、スペインに次いで3位でしかなく、この点が観光大国と言われるフランスの課題となっている。

パリに話を限ると、2017年にパリを訪れた観光客は約3,500万人、そのうち外国人は約1,760万人である。

パリで観光客が多く訪れる場所のトップ10（2017年）

1位　ノートルダム大聖堂 Cathédrale Notre-Dame de Paris

2位　サクレ・クール寺院 Basilique du Sacré-Cœur

3位　ルーヴル美術館 Musée du Louvre（p.13参照）

4位　エッフェル塔 Tour Eiffel（p.157参照）

5位　ポンピドゥーセンター Centre Pompidou（p.51参照）

6位　オルセー美術館 Musée d'Orsay（p.15参照）

7位　科学産業都市 Cité des sciences et de l'industrie（p.35参照）

8位　奇跡のメダイユ教会 Chapelle de la médaille miraculeuse

9位　国立自然史博物館 Muséum national d'Histoire naturelle

10位　凱旋門 Arc de Triomphe

1位も2位も入場無料の場所なので、ランキングについてはその点も考慮する必要があり、資料によっても異なる。8位の「奇跡のメダイユ教会」は、老舗デパートの「ボン・マルシェ」（p.23参照）の近くにあり、奇跡のメダイユ（メダル）を求めて多くの人々が訪れる教会である。1830年、修道女カトリーヌ・ラブレの前に聖母マリアが出現し、メダイユを作るようにと告げたという。パリ司教の許可を得てメダイユを作り始め、コレラが流行した際に人々に配ったところ、コレラが収束に向かった。それ以来、「奇跡のメダイユ」として有名になり、多くの人々が聖母マリアが刻まれたこのメダイユを求めてこの教会を訪れるようになった。のちに聖人に列せられた聖カトリーヌの遺体は、聖人の遺体は腐敗しないとされているとおり、今もそのままの姿で祭壇の前のガラスの棺に安置されている。

■ **visé**　「ねらわれた」地下鉄内で観光客がスリやひったくりに狙われやすい、というのは残念ながら事実である。ドアが閉まる直前に奪って降りて逃げることも多く、追いかけられない。ドア付近に立つのは避けた方がよい。観光客の多い駅を中心に、車内や駅構内で、スリに注意するようにとのアナウンスが日本語でも流れる。

タクシー！

Q : **Est-ce que vous prenez souvent le taxi ? Robin ?**

Robin : Non, je prends assez rarement le taxi. Je le prends quasiment jamais, même, mais... ouais, si, des fois, quand je vais chez ma copine, parce qu'elle peut... sa mère lui paie le taxi pour rentrer. Mais sinon, c'est assez rare. Parce que c'est quand même assez cher en général pour... ça dépend, mais quand c'est des déplacements courts, ça vaut pas la peine de prendre un taxi pour payer quand même plus cher et quand c'est des déplacements longs, du coup, c'est cher. Donc... mais bon, après, c'est pareil, c'est un luxe, quoi !

■ Vocabulaire

- copine (f.) （所有形容詞とともに）ガールフレンド、恋人
- ça vaut la peine de＋不定詞　～するに値する
- c'est pareil　同じことだ

■ Grammaire

- **je prends assez rarement le taxi. Je le prends quasiment jamais, même**　「タクシーを使うのはかなりまれだ。ほとんど決して使わない、と言ってもいい」　最後のmêmeは「でさえ」の意味のmêmeで、直訳すれば「ほとんど決して使わない、でさえある」となる。quasimentは「ほとんど」という意味。
- **ouais, si**　「うん、いやある」　直前で「タクシーにはほとんど決して乗らない」と否定したが、思い出して「いや乗ることもある」とそれを否定しているので、siが出てきている。
- **sa mère lui paie le taxi**　「彼女のお母さんがタクシー代を彼女に払ってくれる」　payer ～には「～を払う」（payer les impôts「税金を払う」）だけでなく、ここのように「～の代金を払う」という使い方もある。

♪ Piste 15

質問者：タクシーはよく使う？　ロバン？

ロバン：いや、タクシーを使うのはかなりまれだね。ほとんど決して使わない、と言ってもいいかな。でも、うん、いやあるね、ときどき、ガールフレンドの家に行くときにね、彼女ができるから…彼女のお母さんが帰るためのタクシー代を彼女に払ってくれるから。でもそれ以外は、かなりまれだね。なぜならやっぱりかなり高いから…場合によるけど、でも短い移動のときは、より高いお金を出してタクシーを使うには値しないし、長い移動のときは、結局高くなるし。だから…まあ、結局同じだね、贅沢ということだね！

Culture

■ **le taxi**　タクシー。パリのタクシーには、TAXI PARISIENと書かれたランプが屋根の上についている。その文字の部分が点灯していると空車、文字の下にあるA、B、Cのランプ（平日の日中パリ市内はA、のように適応料金メーターを示す）のどれかが点灯していると乗車中である。ドアは手動で、助手席はふつう使用せず、運転手が許可したときのみ追加料金を払って4人目が助手席に乗ることができる。防犯目的で、助手席にドーベルマンのような大型犬を乗せているタクシーもある。なお、終業時間が近いと、自宅と方面が違う場合は乗車拒否をすることが許されている。

パリのタクシー　©Rrrainbow/Shutterstock.com

Salah : C'est un bon business, le taxi. C'est un bon business sur le fait que, voilà... on est chauffeur de taxi et on peut déborder ses heures de travail jusqu'à... comme on veut. Et c'est pas donné. C'est un budget et ils en jouent avec ça. Et pour ma part, moi j'ai dû prendre une fois le taxi. C'est quand je suis revenu de vacances. On m'a récupéré... enfin j'ai pris un taxi de l'aéroport pour rentrer chez moi. Mais la formation de taxi, je pense qu'elle peut être pas mal !

Q : Sinon, est-ce que les chauffeurs de taxi parisiens ont d'autres particularités, donc, en dehors du fait d'être désagréables et de facturer, donc, les trajets à un prix exorbitant ? *

Robin : Même déjà, y sont pas toujours désagréables. Mais... ça arrive, effectivement, mais moi, je... les fois où j'ai pris le taxi, j'avais pas l'impression qu'y z'étaient spécialement désagréables. Après, c'est vrai que des fois, y préfèrent pas parler, en fait, c'est-à-dire, pas entrer en contact avec le client. Mais bon, en soi, on peut les comprendre aussi. Y font un travail... y sont pas forcément toujours de bonne humeur, quoi. Ça peut se comprendre.

▶**Note**

* ここには収録できなかったが、この質問の前に、パリのタクシーの運転手は感じがよくない、他の都市より料金も高いかも、と
いう話が出ていた。この質問はそれを受けてのものである。

■ **Vocabulaire**

● c'est pas donné 　[俗] 高い
● pour ma part 　私としては
● facturer 　（の代金）を請求する
● trajet (*m.*) 　道のり
● entrer en contact avec 〜 　〜とコンタクトをとる
● en soi 　それ自体として

サラ: いいビジネスだよね、タクシーは。いいビジネスだというのは…タクシーの運転手であると、仕事時間を…好きなように超過することができるからということでね。これはけっこうな額になるよ。それが稼ぎで、彼らはそれを活用しているんだ。僕としては、一度タクシーを使わなくてはならないことがあった。ヴァカンスから帰って来たときだよ。迎えに来てもらった…というか要するに家に帰るために空港からタクシーに乗ったんだ。でも、タクシーの養成は、悪くないかもと思うよ!

質問者: そのほか、パリのタクシーの運転手だけど、感じがよくないとか途方もない料金を請求するということ以外に、ほかの特徴があるかしら?

ロバン: まず、彼らがいつも感じがよくないわけではないよ。でも…そういうこともあるね、確かに、でも僕は…僕がタクシーに乗ったときは、運転手が特に感じが悪いという印象は持たなかったよ。話をしたがらない、つまり客とコンタクトを取りたがらないときがあるのは本当だけど。でもまあ、それ自体として、彼らのことも理解できるよ。彼らは仕事をしているんだし…いつも機嫌がよいというわけにもいかないよ。よくわかるよ。

▬ Grammaire

● **ils en jouent avec ça**　「彼らはそれを利用している」　ここのjouerは「利用する」の意味。ils en jouentと ils jouent avec çaが混ざって使われている。

Culture　■ **le chauffeur de taxi**　タクシー運転手。フランスでタクシーの運転手になるには、いろいろな条件を満たしたうえで、いくつかの試験を受けなくてはいけない。試験の中には「フランス語」も入っている。最近は、アフリカ系、アジア系、東欧系の運転手も多いが、少なくともある程度フランス語が話せるはずである。

Salah : Ouais, mais bon... après, le but du métier aussi, c'est d'avoir un minimum de <u>relationnel</u> avec son client ! Parce que moi... <u>la prochaine fois, y pensera à toi et y pourra te rappeler.</u> Ouais, c'est sûr que... au niveau du métier en lui... c'est vrai que... y a des points positifs et négatifs. Après, le client, lui, voilà, il est là, il est tout seul dans* [sur] sa <u>banquette</u> arrière, s'il a envie de discuter un petit peu, y peut faire un peu de pédagogie* [psychologie], le client, enfin, le chauffeur de taxi. C'est toujours agréable, même, de discuter, de parler, d'échanger.

Robin : Y sont pas forcément désagréables. C'est juste que, parfois, ils peuvent ne pas... juste ne pas en avoir envie, là, à ce moment-là. Oui, non, c'est sûr que c'est quand même plus sympa quand le chauffeur... quand on peut parler avec le chauffeur.

■ Vocabulaire

● relationnel（m.） 人間関係
● banquette（f.） （列車・車などで複数名が座れる）座席

■ Grammaire

● la prochaine fois, y pensera à toi et y pourra te rappeler 「次回、その人が君のことを思い出して、君を呼ぶかもしれない」 このtoiやteは聞き手その人のことではなく、タクシー運転手のことなのだが、2人称を使うことによって、より聞き手の注意を引く効果がある。（p.190参照）
動詞penserは、〈penser à＋人〉の〈à＋人〉の部分を代名詞にするとき、間接目的の代名詞は使えず、〈à＋強勢形〉にする：Je pense à mes parents.「両親のことを考えています」 → Je pense à eux.「彼らのことを考えています」

サラ：うん、まあね…ただ、仕事の目的はまた、客と最小限の人間関係を持つことだよ！　なぜなら、僕は…次のときに、その人が君のことを思い出して、君を呼ぶかもしれないんだよ。うん、確かに仕事そのものについては…ポジティブな点もネガティブな点もあるけど。それに客はほら、そこに、後ろの座席に一人でいるんだよ。もし客がちょっとしゃべりたがっているなら、少し教育＊［気持ちの理解］をしてもいいよね、客は、いやタクシーの運転手は。しゃべったり、話したり、言葉を交わしたりするのは、いつも楽しいよ。

ロバン：彼らは必ずしも感じが悪くはないよ。ただ、ときには、彼らはもしかしたら…そういうときは、ただそうしたくないかもしれないんだ。うん、いや、運転手が…運転手と話ができると、やっぱりもっといい感じになるのは確かだね。

住居表示のしくみ

Q : En France, le système des adresses fait que il suffit de
donner, enfin, une adresse de destination pour pouvoir se
rendre n'importe où en taxi, ce qui n'est pas le cas
forcément, comme par exemple, au Japon. Est-ce que vous
pouvez parler de la manière dont les adresses sont
attribuées en France ?

■ Vocabulaire

● destination (*f.*)　行き先、目的地
● attribué　割り当てられた

■ Grammaire

● **se rendre**「行く」　動詞の中には、代名動詞になると意味が大きく変わってしまうものがある。

apercevoir　見える	s'apercevoir de　に気づく
attendre　待つ	s'attendre à　を予期する
entendre　聞こえる	s'entendre　仲がいい
mettre　置く、入れる	se mettre à　に取り掛かる、し始める
passer　過ごす、通る	se passer　行われる
perdre　失う	se perdre　道に迷う
produire　生産する	se produire　起こる
rendre　返す	se rendre à　に行く
trouver　見つける	se trouver　（〜に）ある

♪Piste 16

質問者： フランスでは、住居表示システムは、行き先の住所を言いさえすれば、タクシーでどこにでも行くことができる、というようになっていますね。それは、例えば日本などでは必ずしもそうではないのだけれど、フランスで住所が割り当てられている方法について話してもらえるかしら？

Culture

■ **le système des adresses**　住居表示システム。フランスでは、すべての通りに名前が付いていて、住居表示は、〈79, rue de Varenne〉のように「番地、通り（広場など）の名」で示される。パリの地図を持っていれば、住所を手掛かりに場所を探すのは簡単である。パリの場合、インタビューにあるように、番地はセーヌ川を中心に決められていて、セーヌ川に近い方から始まり、川を背にして通りの左側が奇数番号、右側が偶数番号となっている。川と並行している通りの場合は、上流（パリ東部）から番号がふられている。この番号は、建物の規模に関わりなく通りに面した入口ごとに一つ付けられる。そのため、様々な理由により（たとえば建物の改修などで）入口が増えたときは、bisやterをつけて5 bis（5番地の2）、5 ter（5番地の3）のようにして対応する。

　住所を書く場合は、例えば〈79, rue de Varenne, 75007 Paris〉となる。75007は郵便番号で、75がパリの市番号、下2桁が区の番号である（つまり75007はパリ7区ということ）。郵便番号の最初の2桁の県番号（パリのみ市番号）は、県をアルファベット順に並べた順番である。

通り名の標識　©NeydtStock/Shutterstock.com

Robin : Ben, c'est plutôt simple en fait. C'est des numéros. Du coup, on habite un numéro de rue et y a plusieurs immeubles... plusieurs appartements dedans, et donc, on a juste à donner ça et y a plein de noms de rue. Y a pas mal de plans un peu partout, en plus.

Q : Chaque rue a un nom...

Robin : Oui, donc chaque rue a un nom et ensuite, y a des numéros tout le long, dans l'ordre... des deux côtés de la rue... Y a les numéros pairs et, de l'autre côté, les numéros impairs. Et donc, ça s'enchaîne comme ça sur tout le long de la rue. À chaque nouvel immeuble, y a un nouveau numéro. Et donc, en plus, c'est vrai que c'est plutôt pratique du coup parce que on peut donner notre numéro de rue, plus le nom de la rue et le taxi, enfin, par exemple le taxi ou... nous y emmènera. Et même avec les GPS, ça nous fait tomber juste devant chez nous. Donc, c'est quand même pas mal.

■ Vocabulaire

- tout le long de 〜 〜に沿ってずっと
- dans l'ordre 順番に
- pair 偶数の
- impair 奇数の

■ Grammaire

- **sur tout le long de la rue**「通りに沿ってずっと」 このsurは不要である。〈sur toute la longueur de la rue〉と〈tout le long de la rue〉を混ぜて使ってしまっている。

ロバン： そう、どっちかと言うとシンプルだね。それは番地なんだ。で、ある通りのある番地に住んでいて、いくつもの建物があって…その中にはいくつものアパルトマンがあって、だからただそれを教えればよくて、たくさん通りの名前がある。そのうえ、あちこちにたくさんの地図があるよ。

質問者： 各通りには名前がついている…

ロバン： そう、各通りには名前がついていて、そしてずっと、順番に番号がついている…通りの両側に…偶数番号があって、反対側に奇数番号がある。このように通りに沿ってずっとこうつながっている。新しい建物ごとに新しい番号がついている。だから、確かにどっちかと言うと便利だね、番地と通りの名前を伝えることができれば、タクシーが、つまりたとえばタクシーが…そこに連れて行ってくれるからね。GPSがあれば、家の真ん前に連れて行ってくれるよ。だから、やっぱり悪くないね。

■ **noms de rue**　通りの名前。すべての通りや広場には名前があり、番地と通りの名前だけで住居表示が成立するということは、一都市の中には同じ名前の通りは2つとないことを意味する（rue Saint-Jacques「サン・ジャック通り」とboulevard Saint-Jacques「サン・ジャック大通り」のように、「通り」の部分の名称が異なる場合もあるが）。必然的に大きな都市には多くの名前が必要になる。地名だけでは足りないので、それ以外に例えばパリでは：
・フランス国内外の著名人：rue François Premier「フランソワ1世通り」
・歴史的出来事の日付：place du Dix-Huit-Juin-1940「1940年6月18日広場」（イギリスに亡命したシャルル・ド・ゴールがラジオを通じてナチス・ドイツへの徹底抗戦を呼びかけた日）
・聖人：impasse Sainte-Monique「サント・モニック（聖モニカ）袋小路」
・世界の都市：avenue de New-York「ニューヨーク大通り」
をはじめとして、様々なものが通りの名前として採用されている。中には、5区にあるrue du Chat-qui-pêche「釣りをするネコの通り」のように、由来を探りたくなるような楽しい名前もある。
　通りの名前は、紺地のプレートに白文字で書かれて、建物の壁に取り付けられている（番地も同じく紺地に白字）。通りの角には必ず掲示されているので、道を探すのに大変便利である。19世紀半ば以前は、石の板に通りの名前を彫って建物の壁に埋め込んでいた。古い建物が残る地区では、今でもそのタイプの標示板を見つけることができる。

Salah : Paris, c'est plutôt bien fait. Paris en lui-même, c'est <u>super</u> bien fait parce que... y a les arrondissements. Y a vingt arrondissements et y sont faits en forme d'escargot. C'est-à-dire que, même si on... enfin, on pourra pas... <u>ch'sais</u> que je peux pas <u>me perdre</u> sur Paris puisque je vais retomber sur mon chemin et je vais essayer de retrouver un grand <u>axe</u> et je vais me repérer directement. Et comme Robin y disait, c'est vrai que... on a une rue avec le nom de la rue, avec les numéros, pairs et impairs, et on se repère avec les grands axes. Et après, c'est que des petites rues qu'y a à côté.

Robin : Les numéros des rues sont attribués <u>en fonction de</u> la position de la rue par rapport à la Seine. Donc, le numéro le... le numéro 1 sera attribué à la partie de la rue qui sera la plus proche de la Seine. Donc, c'est partout comme ça dans Paris et donc, ça va de... <u>en croissant</u>. Plus on s'éloigne de la Seine, [plus] les numéros croissent. Et donc, quand on est <u>dos à la Seine</u>, les numéros impairs sont toujours sur la gauche de la rue et les numéros pairs, du coup, sur la droite. Donc, voilà ! Donc, c'est plutôt pratique, effectivement !

■ Vocabulaire

- super [俗] とても
- se perdre 道に迷う
- axe (*m.*) ふつうは都市間を結ぶ「幹線道路」のことを言うが、ここでは街中で目安となる大きな通りのことを言っている。
- en fonction de 〜 〜に応じて

■ Grammaire

- ch' = je くだけた話し言葉では、jeは子音 [p] [t] [k] [f] [s] [ʃ] の前で [ʃ]「シュ」となることがある。ch'と表記する。
- ça va en croissant 「だんだん増えていく」〈aller en + 現在分詞（ジェロンディフ）〉は「ますます〜する」という意味。croissantはcroître「増える」の現在分詞である。

サラ： パリは、どっちかと言うとよくできている。パリそれ自体は、ものすごくよくできているよ、なぜなら…区があって、20区あって、それらはカタツムリの形になっているんだ。つまり、たとえ…できないね…パリでは道に迷うことはできないとわかってるよ、自分の道にまた戻れるんだからね、目安になる大通りを見つけるようにして、そうすれば直接自分の位置がわかることになるから。ロバンが言っていたように、確かに…通りの名前と、偶数と奇数の番地を持つ通りがあって、大通りをもとに自分の位置を知る。そうすると、その近くに小さい通りがあるということなんだ。

ロバン： 通りの番地は、セーヌ川との位置に応じて割り当てられている。つまり、番地は…1番地はセーヌ川に最も近い通りの部分に割り当てられている。パリ市内ではどこでもこのようになっている…だんだん増えていくんだ。セーヌ川から遠ざかれば遠ざかるほど、番地の数字は大きくなる。そして、セーヌ川を背にしていると、いつも奇数番地は通りの左側にあり、偶数番地はその結果右側になる。そういうわけ。だから、確かにどっちかと言うと便利だよ！

● **dos à la Seine** 「セーヌ川を背にして」〈名詞＋形容詞〉あるいは〈名詞＋前置詞＋名詞〉の形で、「どういう状態で」を表すことがある。体の部分を表す名詞が含まれているのが特徴で、その名詞には冠詞がつかないこともある。

Elle est assise les jambes croisées.　彼女は足を組んで座っている。

Il se promène les mains dans les poches.　彼は両手をポケットに入れて散歩している。

Elle marche pieds nus sur le sable.　彼女は裸足で砂の上を歩いている。

話し言葉の特徴　　4. il y a ... quiの構文②

「話し言葉の特徴3」で、話し言葉では、不定の名詞を主語に持つ文は避けてil y a ... quiの構文を使う、ということを見ました。しかしながら、主語が定の名詞、つまり定冠詞・所有形容詞・指示形容詞などが付いている名詞や、また固有名詞の場合でも、話し言葉ではil y a ... quiを使うことがあります。

> Il y a sa mère qui est venue me voir.
> 彼のお母さんが私に会いに来たのよ。

これには、文の解釈の問題がからんでいます。どういうことかと言うと、文の基本的な形「主語＋述語」は、しばしば「主題（何についてか）＋コメント（それがどうなのか）」つまり「〜の話だけれど、それは〜だ」という意味の流れで解釈されます。

> Sa mère est venue me voir.
> 彼のお母さん（のことなんだけれど）、私に会いに来たのよ。

この文の形だと、主語である「彼のお母さん」を主題（＝話の中心）にした文だと解釈されやすくなるのです。

しかし、文の中には、「主題＋コメント」ではなく、文全体でひとつの出来事を伝えるものもあります。上の例で言うと、「『彼のお母さんが私に会いに来た』という出来事があった」ということを伝える、ということです。そのように主語を主題にしないタイプの文の場合には、たとえその主語が定の名詞であっても、il y a ... quiの構文を使うのが自然な話し言葉のフランス語なのです。

> Il y a Patrick qui veut te parler.
> パトリックが君と話したがっている。
>
> Il y a la porte de la salle de bains qui ne s'ouvre pas.
> 浴室のドアが開かない。

日本ではフランス料理というと、白いテーブルクロスの
かかった立派なレストランで出されるものを想像しま
すが、そういう料理は、フランス人にとっても特別な機会に
外で食べるものです。実際の日々の食事はどちらかというと
質素で、朝食、昼食についてはインタビューで具体的な話が
ありますが、夕食についても、簡単に作れるものが中心です。

　そのかわり、ゆっくりと過ごすことのできる週末は、手の
込んだ料理を作り、家族で、あるいは親しい友人を招いて、
おしゃべりをしながら時間をかけて食事を楽しみます。

　パリについて言えば、いろいろな国の料理のレストランが
あるのが特徴ですが、玉石混交なので、本物かどうかの見極
めが大切です。

Personnes interviewées

Laurent CHARON / 男性 / 39歳 / ポストプロダクションプロデューサー / パリ、パリ近郊在住15年
Guillaume GOURAUD / 男性 / 40歳 / 販売部長 / パリ在住40年

日々の食事

Q：**Alors, en quoi consistent** vos trois repas <u>quotidiens</u> ?
Qui est-ce qui veut commencer ?

Laurent : Alors, le petit déjeuner... le petit déjeuner, pour ma part,
c'est d'abord des fruits, éventuellement un yaourt, du thé, alors
du thé vert bio, <u>si possible</u>. Mais <u>je me suis mis</u> au thé assez
tard. Et puis, un café à la fin, voilà ! Ça, c'est mon petit déjeuner
de tous les jours.

■ Vocabulaire

● consister en 〜 　〜から成る
● quotidien 　毎日の
● bio 　オーガニックの 　biologiqueの省略形。bioの形で使うときは不変化の形容詞。フランス語のorganiqueは「生体の、有機体の」の意味で、「オーガニックの」の意味にはならないので注意。
● se mettre à 〜 　〜を始める

■ Grammaire

● **si possible** 　「できれば」 　動詞を省略した「条件」の慣用的表現。同じような使い方に、si oui「もしそうなら」、si nécessaire「もし必要なら」がある。

オーガニックマーク

質問者： あなたの毎日の三食はどんな内容かしら？　誰から始める？

ロラン： そうだね、朝食は…朝食は、僕はというと、まず果物、場合によっては
ヨーグルト、紅茶か、できればオーガニックの緑茶だね。でも、お茶を飲むよう
になったのはかなり遅いよ。それから、最後にコーヒーで終わり！　これが僕の
毎日の朝食だよ。

Culture

■ **le petit déjeuner**　朝食。フランスの伝統的な朝食はとても簡素で、バゲットにバターやジャ
ムやチョコレートクリームなどを塗ったもの（これをタルティーヌ tartine という）とカフェオレ、
というのが定番である。カフェオレは、大きなお椀のような bol にたっぷり入れて飲む。そこによく
タルティーヌを浸して食べる。子どもは、カフェオレのかわりにミルクココアなどを飲む。フランスの朝食は
クロワッサンとカフェオレ、というイメージが強いが、クロワッサンは、ホテルやカフェなどの朝食セットで
は必ず出されても、家庭ではゆっくりできる週末の朝に食べることが多い。

■ **le thé vert**　緑茶。日本茶は、最近ではカフェや家庭でも身近な飲み物となっている。パリには日本茶
の専門店や、日本茶と和菓子を楽しめるサロン・ド・テもある。特に抹茶は、お菓子でも使われるためによ
く知られ、matcha というつづりでフランス語の仲間入りをしている。肥満防止やがん予防になると健康雑誌
で取り上げられることも多いようだ。

■ **bio**　オーガニックの。フランスでも、食の安全や健康への関心の高まりから、オーガニックの製品は増
える一方である。オーガニック専門店やオーガニックの市場も流行っているが、ふつうのスーパーでもいろ
いろなオーガニックの製品を気軽に買うことができる。オーガニックの製品には、緑地に白文字の AB ロゴマー
クがついている。これはフランス政府認可のオーガニックマークで、AB は agriculture biologique の頭文字で
ある。また 2010 年からは、黄緑地に☆で葉っぱが描かれた、EU 加盟国共通のオーガニックマークも使われ
ている。

■ **le café**　コーヒー。フランスでは単にコーヒー café と言えば、ふつうエスプレッソのことを指す。コー
ヒーには砂糖は入れても、ミルクを入れることはしない。カフェではコーヒーに角砂糖を添えて出すが、フラ
ンス人は、この角砂糖をコーヒーに浸してガリガリと食べたりもする。このカフェを浸した角砂糖を canard
（「カモ」のこと）といい、こうして食べることを faire un canard と言う。コーヒーは刺激が強いからと子ど
もに飲ませない親も、自分がコーヒーを飲んでいるときなどに、canard を子どもに与えたりしている。

Q : D'accord, et tes... ta famille ?

Laurent : Les enfants, des céréales, je les ai pas encore convertis aux céréales bio, mais j'ai bon espoir. Et puis, souvent, des œufs brouillés. Surtout, la petite, elle aime bien. Rosalie, qui a 4 ans, elle aime bien les œufs brouillés. Voilà !

Q : Un petit peu à l'anglaise, alors !

Laurent : Un petit peu à l'anglaise, mais pas de charcuterie, pas de... voilà... pas de fromage !

Q : Et pour le déjeuner ?

Laurent : Alors, le déjeuner, quand on a le temps... c'est pour moi, c'est plus souvent à la maison. Et c'est souvent des salades, voilà, du poisson, des choses assez simples, voilà.

■ Vocabulaire

- céréales (*f.pl.*) シリアル
- convertir 〜 à ... 〜を…に改宗させる、転向させる
- avoir bon espoir 望みが十分ある
- œufs brouillés (*m.pl.*) スクランブルエッグ
- charcuterie (*f.*) ハム・ソーセージ類

質問者：では、あなたの…あなたの家族は？

ロラン：子どもたちは、シリアルだね。まだオーガニックのシリアルに宗旨変えさせてはいないけれどね、望みは十分あるよ。それからたいていはスクランブルエッグだね。特にちびが好きなんだ。ロザリーは、4歳だけど、スクランブルエッグが好きなんだ。こんなだね！

質問者：それじゃあ、ほんのちょっとイギリス風ね！

ロラン：ほんのちょっとイギリス風だけど、ハム・ソーセージ類はないよ。ないよ…チーズはないよ！

質問者：では昼食は？

ロラン：そうだね、昼食は、時間があるときは…僕は、たいていは家でだね。多くはサラダとか、魚とか、かなりシンプルなものだね。

Culture

■ le déjeuner　昼食。フランスでは伝統的に昼食が一日で一番大切な食事である。学校に通っている子どもたちは、いったん自宅に帰って家族と一緒に昼食をとる。それができない家庭の子どもたちは学食cantineで給食をとる。働いている人の場合は、仕事や住んでいる場所などの事情によって異なる。地方都市では家に帰ってとる人が多いが、パリで会社勤めをしている人の場合は、家と職場が離れていることが多いため、社員食堂やレストラン、カフェで食べるのが一般的である。社員食堂のない会社では、外での食事や食料品の購入に使えるレストラン・チケットTicket Restaurantを配布していることが多い。額面の半分を会社が負担し、残り半分は給料から天引きされる。このチケットを使えるレストランは多く、入り口にTicket Restaurantのシールが貼られている店をよく見かける。

Q : **D'accord ! Guillaume ?**

Guillaume : Et ben nous, c'est... au bureau, on met toujours beaucoup de temps pour se décider où on va aller. On a des... on a pas mal de jeunes dans la <u>société</u>, donc, <u>qu'ont pas</u> forcément le même budget. Donc, on met du temps pour se décider. Mais souvent, on a une place, là, qui est... avec plein de restaurants et plutôt des restaurants de viande. Donc, moi, je suis assez <u>fan</u> de ▮tartare▮. Donc, c'est souvent là, ou <u>thaïlandais</u>, ou des fois un peu japonais, voilà.

■ **Vocabulaire**

● société（f.）会社
● thaïlandais　タイの。「タイ」は la Thaïlande。

■ **Grammaire**

● qu'ont pas = qui ont pas。
● fan 「ファン・愛好者」 男女同形の名詞だが、ここでは形容詞として使われている。

質問者：わかりました！　ギヨームは？

ギヨーム：僕たちは…オフィスで、どこに行くのか決めるのに、いつもたっぷり時間をかけるよ。僕ら、会社ではけっこう若い人が多くて、彼らは必ずしも予算が同じではないからね。だから決めるのに時間をかけるんだ。でもたいてい行く場所があって、そこは…レストランがたくさんあって、どちらかと言うと肉料理のレストランだね。僕はかなりタルタルステーキのファンなんだ。だからよくそこに行くね。あるいはタイ料理か、あるいはときにはちょっと日本料理、こんなとこかな。

Culture

■ **le tartare**　タルタルステーキ。細かく刻んだ生の牛肉または馬肉に、みじん切りのタマネギやパセリなどの薬味や、ウスターソースやタバスコソースなどの調味料を混ぜたもので、フランスでは一般的で人気のある料理である。付け合せはフレンチフライかジャガイモのソテーがお決まりである。フランスでは馬肉を食べ、馬肉屋 boucherie chevaline もある。

レストラン

Q : **En dehors du déjeuner, les jours de semaine lorsque vous travaillez, est-ce que vous allez souvent au** restaurant **?**
Laurent ?

Laurent : Alors non, malheureusement, pas assez souvent, pas autant que j'aimerais ! Sophie, ma compagne, elle y va régulièrement. Et quand on y va, c'est souvent quand on se déplace, quand on va en province, quand on va en Bourgogne, dans ma famille, ou ailleurs en France. Et là, pour le coup, on prend le temps d'aller au restaurant. Voilà. Mais, je n'y vais pas aussi souvent que j'aimerais. Voilà.

■ Vocabulaire

● pour le coup　今回は

■ Grammaire

● **autant que j'aimerais**　「そうしたいほどに」　aimerは条件法では「(できれば)〜したい」の意味になる。ここはj'aimerais y aller のこと。
● **y va**　「そこに行く」　動詞allerは必ず行き先「〜へ」や目的「〜しに」を伴わなくてはならない。具体的に示さないときには、yとともに使う。

♪ Piste 18

質問者： 仕事をする平日の昼食のほかに、レストランにはよく行く？　ロラン？

ロラン： いいや、残念ながらそんなによくは行かないね、行きたいと思っているほどにはね！　ソフィーは、僕のパートナーのことだけど、定期的に行っているよ。僕たちが行くときは、たいてい移動するときだね。地方に行くときや、ブルゴーニュの僕の家族のところや、フランスのその他の場所に行くときだね。そういうときは、レストランに行く時間を取るよ。でも、行きたいほどの頻度では行っていないね。そんな感じだね。

Culture

■ **restaurant**　レストラン。restaurantという語はもともと、restaurer「回復させる」の現在分詞から作られた「(元気を) 回復させる食べ物」を意味し、特に、肉汁を使った滋養に富むスープを指す言葉だった。1765年、パリでブーランジェBoulangerという人物が、現在のルーヴル美術館のすぐ近くに店を出し、自分の店を指すのにrestaurantという語を使った。これがフランスで最初のレストランであると同時に、現在の「レストラン」の語の始まりである。

■ **compagne**　パートナー。フランスでは事実婚が多く、その場合はmari「夫」/ femme「妻」と言う代わりに、compagnon (m.) / compagne (f.)「パートナー、連れ合い」という言い方をする。

■ **Bourgogne**　ブルゴーニュ。フランス中東部の地域圏。4つの県からなり、首府はディジョン。ブルゴーニュワインと美食で有名な地方である。

Q : D'accord ! Et donc, lorsque vous y allez, c'est plutôt de la cuisine... pour manger de la cuisine française ?

Laurent : Ça dépend, ça peut être de la cuisine thaïlandaise, mais non, oui, essentiellement de la cuisine française. Et il faut dire que, à Paris, <u>on a comme une explosion</u> de... enfin, un <u>foisonnement</u> de nouveautés, d'ouvertures, un <u>renouvellement</u> permanent de l'offre. Et ça, c'est assez... pour moi, qui <u>suis</u> un peu l'actualité, ne serait-ce que dans les journaux, de ces nouveautés, c'est <u>fabuleux</u>. Je sais pas si toi, <u>t'as</u> l'occasion d'en profiter.

Guillaume : <u>Pas des masses</u> ! Mais effectivement, moi je <u>suis</u> plutôt <u>resté sur</u> mes vieilles <u>adresses</u>. En principe... avec mon épouse, malheureusement on sort pas assez. Donc, on va pas aussi souvent qu'on aimerait au restaurant. Quand on y va, c'est toujours le restaurant qui est juste en bas de chez nous. <u>Quand on est fatigués et que on a vraiment pas envie de faire le dîner</u>, on dit : « <u>Allez hop</u> ! » Et on emmène les enfants. Autrement oui, on a quelques restaurants qu'on adore et qu'on... on les fait à peu près une fois par an.

■ Vocabulaire

- foisonnement (*m.*) 豊富さ
- renouvellement (*m.*) 新しくすること
- suivre 注目する、追う
- fabuleux ものすごい
- rester sur ～ ～にとどまる
- adresse (*f.*) （いい店などの）住所、場所
- allez さあ、ほら
- hop さあ、それっ

■ Grammaire

- **on a comme une explosion** 「爆発的増加のようなものがある」 commeは「～のようなもの」という意味を表す。このcommeは、削除しても文は成立するのが特徴で（on a une explosion「爆発的増加がある」）、その点で他のcommeの用法と区別できる。名詞の前だけではなく、形容詞・過去分詞の前にも置かれる：Il était comme paralysé par la peur.「彼は恐怖で体が動かないかのようであった」

質問者：わかりました！　レストランに行くときは、どちらかというと料理は…フランス料理を食べるため？

ロラン：場合による。タイ料理のこともあるし、いや、そう、主としてフランス料理だね。言っておく必要があるのは、パリでは、爆発的増加のようなものがあって…つまり新しいものや新規開店が多数だし、絶え間なく新しいものが提供されているっていうこと。それはかなり…新聞でだけど、そういった新しいものの現状にちょっと注目している僕にとっては、それはすごいよ。君もそれを十分に楽しむ機会があるかどうか知らないけど。

ギヨーム：あまりないね！　でも、確かに僕はどちらかと言うと、古くからの店にとどまっているかな。原則として…妻とは、残念ながらそんなに外出しないんだ。つまり、レストランに行きたいほど頻繁には行っていないね。行くときは、いつもうちのすぐ下にあるレストランだね。疲れているとき、そして本当に夕食を作りたくないときは、「さあほら！」と言ってね。で子どもたちを連れて行くんだ。それ以外は、そう、大好きなレストランがいくつかあって…だいたい年に一度行っているね。

- **t'as**　「君は持っている」　くだけた話し言葉では、tuは母音の前でエリズィオンされてt'となる：T'es vraiment difficile！「君って本当に難しい人だね！」
- **pas des masses**　「あまりない」　des masses de 〜は話し言葉で「たくさんの〜」だが、pas des masses「多くはない」「あまりない」の言い方もよく用いられる。
- **Quand on est fatigués et que on a vraiment pas envie de faire le dîner**　「疲れているとき、そして本当に夕食を作りたくないとき」　「とき」を表す文が2つあるが、2つ目にはquandではなくqueが使われている。先行するquand、lorsque、parce que、puisque、commeなどの接続詞に代わって用いられるqueである。

外 国 の 料 理

Q : **Sinon, fréquentez-vous les restaurants de cuisine étrangère, et si oui, lesquels ?**

Guillaume : Un très bon `restaurant vietnamien`, principalement là où on va. Autrement, oui, japonais, mais je crois que c'est l'objet d'autres questions plus tard.

Q : **On peut en parler tout de suite !**

Guillaume : Mais pas tant que ça ! C'est thaïlandais, vietnamien, libanais. Voilà, c'est un peu des grands... des classiques, quoi !

Q : **D'accord ! Laurent ?**

Laurent : Alors, un excellent italien, à `Mirabeau` dans le 16ᵉ, qui s'appelle le San Francisco...

Guillaume : C'est même plus étranger pour moi, italien (rires) !

■ Vocabulaire

● libanais　レバノンの。「レバノン」はle Liban。
● classique　ここでは「ふつうの、ありきたりの」の意味で、それが名詞的に使われている。

■ Grammaire

● **pas tant que ça**　「それほどでもない」 相手の言ったことを受けてtant que ça?「そんなにですか」と応じる言い方があるが、それをpasで否定したもの。
● **un excellent italien**　「とてもおいしいイタリアン（のレストラン）」un excellent restaurant italienのrestaurantが省略されている。

Piste 19

質問者: そのほか、外国料理のレストランに行きますか？　もし行くなら、何料理？

ギヨーム: とてもおいしいベトナム料理のレストランがあって、主にそこに行くかな。そのほかは、そう、日本料理のレストランも。でも、それはあとで質問のテーマになるんだと思うけど。

質問者: すぐにその話をしていいですよ！

ギヨーム: でもそれほどでもないね！　タイ料理、ベトナム料理、レバノン料理かな。まあきわめて…ありきたりなところかな！

質問者: わかりました！　ロランは？

ロラン: とてもおいしいイタリアンが、16区のミラボーにあるよ。ル・サン・フランシスコっていう名前。

ギヨーム: 僕にとっては、もはや外国［料理］じゃないよ、イタリアンは（笑）！

Culture

■ **le restaurant vietnamien**　ベトナム料理店。パリにはベトナム料理店も数多くあるが、そもそもフランスでは、中華料理店であっても、実は中華料理兼ベトナム料理の店であることが多い。フランスがベトナム（を含むインドシナ）を植民地としていたことから、フランスに移り住んだベトナム人が多いためで、ベトナム人がやっている中華料理店というのも珍しくない。

■ **Mirabeau**　ミラボー。パリ南西部にある地下鉄の駅の名。すぐ近くをセーヌ川が流れ、ミラボー橋がかかっている。ギヨーム・アポリネールGuillaume Apollinaire（1880-1918）の詩に、有名な『ミラボー橋』*Le Pont Mirabeau*があるが、その一節とアポリネールのサインが刻まれたプレートが、橋のたもとに飾られている。橋そのものは、黄緑色の鉄骨と欄干の装飾が特徴的である。

Laurent : Et alors, parfois, un thaïlandais. Je me souviens, quand on habitait dans le 15e, à côté du Champ de Mars, on allait chez un Thaïlandais qui s'appelle Erawan, je crois. Et puis, alors, moins les japonais parce que je... je ne connais pas et y a tellement de... alors, y en a tellement qui ne sont pas véritablement de vraie cuisine, qui n'offrent pas une vraie cuisine japonaise... que je ne sais pas où chercher. Et encore, je sais que dans le quartier, en effet, de l'Opéra ou autour du Palais Royal, y a des restaurants japonais. Mais je cherche un peu, voilà, j'aimerais bien... je sais que c'est aussi exigeant et c'est aussi assez onéreux, quand on veut chercher quelque chose de... Mais voilà, pour ce qui est de la cuisine étrangère, effectivement, c'est assez réduit.

■ Vocabulaire

- exigeant　要求が高い
- onéreux　高くつく
- pour ce qui est de ～　～に関しては
- réduit　限られた

■ Grammaire

- **un thaïlandais**　「タイ（のレストラン）」　ここも、un restaurant thaïlandaisの意味。
- **un Thaïlandais**　「タイ人」　le patron thaïlandais du restaurant「レストランのタイ人店主」というような意味で使っている。ただし、Erawanのpatronはタイ人ではないらしい。
- **y en a tellement qui ne sont pas véritablement de vraie cuisine**　「本当の料理を出すのではないところがたくさんある」　enはtellement de restaurantsのde restaurantsの部分を受けたもの。qui以下の関係節はそのenを先行詞とし、どんなものなのかを説明している。次のqui以下も同じ。
- **qui n'offrent pas une vraie cuisine japonaise**　「本物の日本料理を出すのではない」　une vraie cuisine japonaiseはoffrirの直接目的語であるが、否定文にもかかわらず冠詞はuneのままでdeになってはいない。これは否定がvraieだけにかかる部分的なものだから、つまり「日本料理を出す」けれども「本物の日本料理を出すのではない」という意味だからである。
- **y en a tellement qui ne sont pas véritablement de vraie cuisine, qui n'offrent pas une vraie cuisine japonaise... que je ne sais pas où chercher**　「本当に本物の料理ではないのがあまりにたくさんあるので、本物の日本料理を出すのではないのがたくさんあるので…どこを探したらいいのかわからない」　tellementとqueの間がかなりあいているが、tellement ～ que ...「あまりに～なので…」の構文。

ロラン: それから、ときにはタイ［レストラン］だね。思い出すよ、15区のシャン・ド・マルスの近くに住んでいたとき、タイ人のところに行っていたんだ。エラワンという名前だったと思う。それから、日本料理はそれほどではないね、なぜなら僕は…知らないし、たくさんあって…本当に本物の料理ではないのがあまりにたくさんあるので、本物の日本料理を出すのではないのがたくさんあるので…どこを探したらいいのかわからないんだよ。でもそれでも、オペラ座の界隈やパレ・ロワイヤルのあたりに日本料理のレストランがあるのを知っているよ。でも、僕も少し探していて、ぜひそうしたいけれど…何か［ちゃんとしたところ］を探したいときは、要求が高くもなるし、かなり費用もかかるとわかっている。そうだね、外国料理に関しては、実際かなり限られているね。

Culture

■ **le Champ-de-Mars**　シャン・ド・マルス。エッフェル塔下から南東側に細長く広がる芝生の美しい公園。一番南東寄りに旧陸軍士官学校École militaireがあるが、シャン・ド・マルスはかつてその練兵場であった。19世紀後半から20世紀前半にかけては、5回開催されたパリ万国博覧会の会場にもなった。現在は、市民がピクニックや日光浴などを楽しむほか、野外コンサートをはじめ、さまざまなイベントが行われている。ここから眺めるエッフェル塔も美しい。2000年には、世界平和を願って『平和の壁』Mur pour la paixという名のモニュメントが建てられた。ガラスの壁の部分には、日本語も含め49の言語で『平和』の文字が書かれている。

■ **le Palais-Royal**　パレ・ロワイヤル。ルーヴル美術館の北にある元王宮。現在、建物には文化省と国務院が入り、静かな庭園を取り囲む回廊には画廊、アンティークショップ、ブティックなどが建ち並ぶ。正面広場には白黒のストライプ模様の260本の円柱や、シルバーの球体が集まった噴水などの現代アート作品がある。南西角には、1680年設立のフランスを代表する国立劇団コメディ・フランセーズComédie-Françaiseの劇場がある（劇団名も劇場名と同じ）。

Q : **Mais tu serais tenté par la cuisine japonaise ?**

Laurent : Oui, oui ! Ah, non, ça me fait très envie, mais de dépasser le sushi, parce que... voilà, d'aller au-delà du sushi. C'est un peu comme sortir du... de traverser le périphérique et d'aller voir ailleurs.

■ **Vocabulaire**

● être tenté par ～　～に心が引かれる
● au-delà de ～　～の向こうに

質問者： でも日本料理に興味はあるのかしら？

ロラン： もちろん！　ああ、いや、ぜひしてみたいね、スシを超えることをね、な
ぜなら…そうだね、スシの先に行くことをね。それはちょっと外に出るみたいな…
外環状道路を渡って、よそを見に行くことだよね。

Culture　■ le périphérique　パリの外周環状高速道路（無料）。パリを取り囲んでいた最後の城壁（p.39
参照）の外側の建築規制跡地を利用して、1973年に完成した。一周約35キロメートル。この環状
道路がほぼパリ市の市境になる。このペリフェリックのやや内側には、城壁跡地を利用して建設さ
れた環状の一般道路がある。その環状道路上には、Porte 〜「〜門」という地名がいくつもあるが、これは
城壁に設けられていた門の名前に由来する。

カフェ

Q : **Pourquoi allez-vous au café ? Qu'est-ce que vous cherchez dans ce type de lieu ? Est-ce uniquement le fait de pouvoir boire un café ?**

Laurent : Oui, c'est de pouvoir boire un café et puis, d'avoir... Moi, là où je vais... j'y vais d'abord parce qu'y a un personnage de l'autre côté du comptoir, quoi, qui est là depuis des années et qui fait, qui fait la recette, ouais. Et puis après, ben, on a l'occasion de... quand c'est pas loin de son domicile, ben, de rencontrer ses voisins et puis de... J'y vais pour, ouais, en effet, pour discuter, pour lier un peu... comment dire, pour faire connaissance. C'est un lieu social. Ouais, je... voilà... quand... pour... en fait... je parle du moment, quand vous avez déposé vos enfants à l'école ou juste avant d'aller au travail... et vous avez ce petit temps pour vous. Et voilà ! Puis après, c'est essentiellement ça. Donc, j'y vais pour du lien, du lien social.

■ Vocabulaire

- comptoir (*m.*) カウンター
- faire la recette 興味を引く
- domicile (*m.*) 住居、住まい

■ Grammaire

- **comment dire** 「何と言うか」 言葉を探しているときに使う表現。そのほか、comment dirais-jeとも言う。
- **quand** 「〜なとき」 quandの発音は [kā] だが、quandのあと言葉を探していてすぐ次の語が来ないときは、[kāt] としばしば発音される。
- **quand vous avez déposé vos enfants à l'école** 「子どもを学校に送っていったとき」 主語はvous だが、聞き手その人のことではなく、一般的な話をしている。(p.190参照)

質問者： カフェにはなぜ行くのかしら？　このタイプの場所に何を求めているのでしょう？　コーヒーを飲むことができるということだけ？

ロラン： そう、コーヒーを飲むことができること、それから持つこと…僕は、僕が行くところは…まず僕がそこに行くのは、ある人物がカウンターの向こう側にいて、何年も前からそこにいて、興味を引くからなんだ、うん。それから、機会がある…自分の家から遠くない場所のときは、隣人たちと会う機会がある。それから…そこに行くのは、そう、おしゃべりをするため、少し結ぶ…何と言うか、知り合いになるためだね。社交場なんだ。そう、僕は…こう…どういうとき…理由は…実際…子どもを学校に送って行ったときとか、仕事に行くちょっと前とか…自分のための時間がちょっとあるときとか、そういう時の話をしているんだよ。そう。それに、何よりそれだね。だから、僕はつながり、社会的つながりのために行くんだ。

Culture

■ **les cafés**　カフェ。朝早くから夜遅くまでやっているカフェは、フランス人にとって生活になくてはならない存在である。コーヒーだけでなくビールやワインなどのアルコール類を飲むことも、時間に関係なく軽食を取ることもできる。カフェにもよるが、朝食セット、ランチ、ディナーを出すところもある。気兼ねなく長居できるし、街中にはトイレが少ないので、トイレに行くためにカフェで一服というのも定番の利用法である。

　カフェの料金は一般に、同じものを注文しても、カウンターcomptoir（立ち飲み）、屋内salle、屋外テラスterrasseの順で高くなる（カウンターがなく一律料金のところもある）。テラス席とは、多くの場合、歩道にせり出してテーブルと椅子が置かれているところを言うが、フランス人はこのテラス席が大好きである。寒い冬でもテラス席に座りたい人のために、温室のようなビニールの覆いをしたり、ときには屋外ストーブも入れたりしているのをよく見かける。

■ **vous avez déposé vos enfants à l'école**　「子どもを学校に送って行った」フランスの小学校では、子どもの安全のために、親の毎日の送り迎えが義務付けられている。親が行くことができないならば、学生アルバイトなど代わりの人を頼まなくてはいけない。昼食を家でとる場合は、登校と下校のほかに、昼に迎えに行き、そしてまた送り届けるので、親は家と学校の間を毎日4往復することになる。

Q : **Guillaume ?**

Guillaume : Un petit peu pareil ! Donc, en effet, juste après avoir déposé les enfants, où là, là c'est la vie du quartier. C'est assez sympa, parce qu'on voit tous les ouvriers, les <u>balayeurs</u>, et puis, tout le monde commence un peu à se connaître. Donc ça, c'est assez sympa. Et puis, y a le café en bas du bureau, où là, ça peut être pour faire... pour discuter <u>entre collègues</u> et puis, un petit peu discuter du feeling sur les <u>affaires</u> et sur les projets <u>en cours</u>, quoi. Mais c'est plus pour se réunir et parler que boire, voilà.

■ **Vocabulaire**

- balayeur (*m.*)　道路清掃人
- affaires (*f.pl.*)　ビジネス
- en cours　進行中の

■ **Grammaire**

- **entre collègues**　「同僚同士で」　entreは「(2つの物・人) の間に」を表すほか、2つ以上の複数の物・人の相互関係を表すこともある。名詞に冠詞をつけないことも多い : entre amis「仲間うちで」

質問者：ギヨームは？

ギヨーム： ちょっと似ているかな！　つまり、子どもたちを送っていったあとに、まさに地域の生活がある［カフェに行く］んだね。なかなかいいよ、労働者や道路清掃人たち皆に会うから。それに、皆がお互いに少し知り合いになり始めているんだ。だから、そういうのって、なかなかいいよね。それから、オフィスの下にカフェがあって、そこは行うための…同僚同士で話したり、それからビジネスや進行中のプロジェクトについてフィーリングをちょっと話し合ったりするための場所でもありうるんだ。飲むよりも集まったり話したりするためだね。

カフェのカウンター　©Dana Ward/Shutterstock.com

話し言葉の特徴　5. 左方転位構文

「話し言葉の特徴4」で、定の主語は主題として解釈されやすい、ということを見ました。では、主語以外の要素を主題にしたいときはどうしたらいいのでしょうか。話し言葉では、多くの場合、主題にする要素を文から切り離して文頭において示します。

> Ton frère, je l'ai rencontré à la gare hier.
>
> 君のお兄さんだけど、昨日駅で会ったよ。

> Manon, il faut que je lui parle un peu.
>
> マノンだけど、少し話をしなくてはいけないな。

> Paris, j'y suis allé une fois.
>
> パリは、一度行ったことがある。

主題を動詞の左に置くことから、この構文は左方転位（遊離）構文と呼ばれます。文頭に出した要素は、そのあと代名詞で受け直していることにも注意してください。

主語が主題の場合でも、この左方転位構文にすると、主題であることを形の上でもはっきりと示すことができます。

> Mes parents, ils ne sont pas encore arrivés.
>
> 私の両親は（というと）、まだ到着していません。

次々と消えていく音声による話し言葉では、話し手は聞き手に、何について話すのかを最初に知らせることによって、内容の伝達をより効率的に、会話の流れをよりスムーズにしようとするのです。

Chapitre 6

教育と仕事

　フランスの公立・国立の学校は、幼稚園から大学まで授業料が無料です。義務教育は6歳から16歳までですが、日本と違って小学校から、とび級や留年（落第）があるので、16歳のときにどの学年にいるのかは、人によって違います。入学式や卒業式、始業式や終業式などはなく、クラブ活動などもありません。学年が終了してから夏休みに入るので、うらやましいことに夏休みの宿題もありません。

　仕事に関しては、フランス人は終了時間になるとさっさと帰ると思われていますが、それは平社員の場合で、エリートは夜遅くまでよく働いています。フランスは学歴（資格）社会で、資格がなければ職位も給料も上がりません。ならばさっさと帰り、プライベートを楽しむ、というわけなのです。

Personnes interviewées

Lise HAEBERLE ／ 女性 ／ 29歳 ／ 産業カウンセラー ／ パリ・パリ近郊在住5年
Jerome KELBER ／ 男性 ／ 46歳 ／ 会社役員 ／ パリ・パリ近郊在住20年

私 立 学 校

Q : Y a-t-il des écoles privées à Paris et sont-elles laïques ?

Lise : Alors, il existe des écoles privées à Paris. Il existe des écoles privées laïques, mais il existe aussi des écoles privées qui enseignent leur religion, comme la religion juive ou musulmane.

Q : **Et puis catholique et protestante...**

Lise : Et puis catholique et protestante, enfin, les grandes religions qui existent en France, qui sont pratiquées en France. Est-ce qu'il existe des écoles hindouistes ou... ? Qu'est-ce qu'il existe comme écoles ?

■ Vocabulaire

- juif (juive)　ユダヤの
- musulmane　イスラム教の
- hindouiste　ヒンズー教の

♪Piste 21

質問者：パリには私立学校はありますか、そしてそれらはライックですか？

リーズ：パリに私立学校はあります。ライックな私立学校もあるけれど、ユダヤ教やイスラム教といった自分たちの宗教を教える私立学校もあるわね。

質問者：それからカトリックやプロテスタントの…

リーズ：それからカトリックやプロテスタントのね、要するにフランスに存在し、フランスで行われている大宗教ね。ヒンズー教の学校はあるのかしら、あるいは…？　学校として何があるかしら？

Culture

■ **les écoles privées**　私立学校。パリで私立の学校に通う生徒の割合は、幼稚園で約20％、小学校で約25％、中学校・高等学校で約35％である。契約私立学校école privée sous contract（教育省と契約を結んでいる私立学校のことで、全体の98％を占める）の場合、教員の給料などを国が負担するので、授業料は日本の私立学校よりはるかに安い（公立は無料）。日本のような入学試験はなく、書類審査と面接で決まるのが一般的である。
■ **laïque**　ライックな（宗教とは無関係な）。フランス共和国の原則「ライシテ」laïcité（laïqueはその形容詞形）とは、個人の信仰の自由を保障する一方、宗教の公的空間（公立学校など）への介入を排除する、というものである。

Jérôme : Alors, je trouve qu'y a pas que ça. Y a aussi des écoles pour des besoins spéciaux, en particulier les écoles internationales. Y a beaucoup d'expatriés en région parisienne et donc y a des écoles anglaises, des écoles américaines, des écoles de différents pays pour que les expatriés puissent éduquer leurs enfants dans leur langue d'origine et pas seulement en français. Donc, c'est souvent des écoles bilingues, français, plus... l'enseignement est fait en français et dans une autre langue, évidemment majoritairement en anglais. Mais y a aussi d'autres langues, y a en espagnol, en portugais.

Lise : Y a aussi d'autres écoles, un peu plus, je dirais, originales, qui sortent un petit peu du système standard.

Jérôme : Comme Montessori ou des choses comme ça ?

Lise : Oui, j'en avais une autre, mais j'ai oublié ! Et ces écoles essaient d'être un peu plus pratiques et ne suivent pas le système scolaire recommandé par l'État.

■ Vocabulaire

● expatrié (e) (n.) 国外居住者
● éduquer 教育する
● majoritairement 多くは
● standard （不変化）標準の
● des choses comme ça そのようなもの

■ Grammaire

● bilingue 「二言語使用の」 bi- は「2」「両」「双」を表す接頭辞：bilatéral「両側の」
● je dirais 「言ってみれば」「私に言わせれば…ということになろうか」という意味で使われる。

ジェローム：それだけじゃないと思うよ。特別な必要性のための学校もある、特にインターナショナルスクールだね。パリ地方には多くの国外居住者がいて、だからブリティッシュスクールやアメリカンスクールや様々な国の学校があって、国外居住者が、フランス語だけではなく出身地の言語で自分の子どもたちを教育することができるようになっている。多くは二言語使用の学校で、フランス語プラス…教育はフランス語ともう一つ別の言語で、もちろん大多数は英語だけど、行われている。でも他の言語もあるよ、スペイン語やポルトガル語でも。

リーズ：もう少し、言ってみればオリジナルな、ほんの少しスタンダードなシステムから外れた学校もあるわよ。

ジェローム：モンテッソーリとか、そのようなもの？

リーズ：そう、一つ別のがあったのだけれど、忘れてしまったわ！　そういった学校は、少しばかりもっと実用的であろうと試みていたり、国家が推奨する学校制度に従っていなかったりしているのよ。

Culture

■ **les écoles de différents pays**　様々な国の学校。日本の学校としては、パリ日本人学校（小学校と中学校）Institut culturel franco-japonaisがある。1990年にパリ市内からパリ南西の郊外Saint-Quentin-en-Yvelinesに移転した。

■ **Montessori**　モンテッソーリ。イタリア人マリア・モンテッソーリ（1870-1952）によって考案された、子どもが自分でやりたいことを選んで活動することを特徴とした教育法。フランスにもモンテッソーリ教育法を取り入れた私立学校（幼稚園から高校まで）がある。

子どもたちの学外活動

Q : **Les jeunes** sont-ils nombreux à pratiquer une **activité extrascolaire** ou à suivre des cours dans le cadre de leurs loisirs ? Lise ?

Lise : Moi, je pense que oui. Je pense que ça fait partie d'une ouverture d'esprit. Je pense que c'est aussi une question de disponibilités. C'est-à-dire que... un enfant qui est en difficulté scolaire, il a peut-être moins la possibilité de faire une activité à côté, puisque, ben, quelqu'un qui est en difficulté scolaire prendra beaucoup plus de temps à faire ses devoirs et donc, aura moins de temps pour les loisirs et, notamment, pour les activités extrascolaires. Après, c'est aussi un investissement financier. Donc, c'est aussi un coût pour les familles. Mais, sachant que, en France, **les femmes travaillent**, pour beaucoup, ben du coup, les loisirs extrascolaires, c'est aussi la possibilité de laisser son enfant à une autre organisation et puis, poursuivre son travail professionnel.

■ Vocabulaire

● extrascolaire 学外の。extra- は「外の、外へ」を意味する接頭辞。
● ouverture d'esprit (f.) 精神が開かれていること。
● disponibilité (f.) 時間の余裕
● à côté そのほかに

■ Grammaire

● **Je pense que oui** 「そうだと思う」 oui は「そうである」という従属節の代わりを果たす。同様に Je pense que non / si「そうではないと思う / そんなことはないと思う」のように言う。動詞は penser のほか croire、dire、espérer、répondre などでも同じように表現できる : J'espère bien que non. 「そうでないといいですね」。oui の前ではエリズィオンは行われないので que oui であるが、くだけた話し言葉では qu'oui となることもある。

質問者：学外活動を行ったり、余暇の一環としてレッスンを受けたり（習いごとをしたり）している若者は多いですか？　リーズ？

リーズ：私はそうだと思うわ。そういうのは開かれた精神に属することだと思う。それはまた時間の余裕の問題でもあると思うわ。つまり…学習困難な状況にある子どもは、ほかの活動をすることがあまりできないかもしれない、だって、学習困難な状況にある人は、宿題をするのにもっとずっと多くの時間がかかって、だから余暇とか、特に学外活動のための時間が少なくなるものね。それから、財政投資でもあるわよね。家庭にとっては費用でもあるので。でも、フランスでは女性は多くが働いていることを知ると、学外余暇というのは、子どもをほかの団体に任せて、自分の仕事を続ける可能性でもあるわね。

■ **les jeunes**　若者。文字通りに「若者」と訳したが、実際はカバーする年齢層が少し異なる。日本語の「若者」にはふつう小学生の年齢の子どもたちが含まれないが、フランス語の les jeunes には小学生ぐらいの年若い子どもたちも含まれる。

■ **activité extrascolaire**　学外活動。フランスの小学校は現在水曜日が休みなので（p.81 参照）、水曜日が習い事の日になっていることが多い。

■ **les femmes travaillent**　「女性は働いている」フランスの25歳から49歳の女性の就業率は、2018年では83.5％になっている。

Q : Très bien, merci ! Jérôme ?

Jérôme : Oui, je trouve qu'y a beaucoup de possibilités, pour les enfants, d'activités extrascolaires, que ce soit des activités culturelles, des activités sportives, des langues. Et y a une tradition française d'associations, d'associations sans but lucratif, dans tout un tas de domaines, y compris dans ces domaines-là. Donc y a beaucoup, à la fois de bénévoles ou d'organisations qui sont aidées par les mairies, par l'État, pour proposer des activités extrascolaires. Y en a qui dépendent de l'État, comme les conservatoires de musique, mais y a des écoles privées de musique, par exemple, qui sont ou pas soutenues par les mairies. Et donc, y a énormément de possibilités d'activités, pour les enfants, et qui sont pas forcément très très chères parce que elles sont aidées, soit par le temps des bénévoles, soit par différentes formes de subvention. Donc, en termes de possibilités d'activités extrascolaires, je trouve qu'y a beaucoup de possibilités. Après, c'est vrai que les enfants en profitent ou pas, suivant leur environnement immédiat et puis l'intérêt des familles à les encourager à poursuivre une activité. Mais y a la possibilité de le faire et les autres enfants jouent un rôle. C'est-à-dire que les petits copains de l'école, quand y font une activité, ça peut donner envie d'en faire une aussi.

■ Vocabulaire

- langue (*f.*) ここでは「外国語」(= langue étrangère) の意味。
- lucratif 営利的な
- un tas de ~ たくさんの~
- y compris ~ ~を含めて
- bénévole (*n.*) ボランティア
- subvention (*f.*) 助成金
- immédiat 直接の

質問者：わかりました、ありがとう！　ジェロームは？

ジェローム：そうだね、子どもたちにとっては、たくさんの可能性、たくさんの学外活動があると思うよ、文化的な活動であれ、スポーツ活動であれ、外国語であれね。それから、こういった分野を含めて、たくさんの分野で団体、非営利目的団体のフランスの伝統がある。課外活動を提供するために、たくさんのボランティアがいて、また同時に市や国から援助を受けているたくさんの団体があるんだよ。音楽のコンセルヴァトワールのような国の管轄下にあるものもあるし、市から支援があったりなかったりするけど、たとえば私立の音楽学校もある。つまり、子どもたちにとって非常に多くの活動の可能性があって、それらは必ずしもすごく費用が高いわけではないんだ、なぜならボランティアたちの時間や、さまざまな形の助成金によって助けられているからね。だから、学外活動の可能性という意味では、たくさんの可能性があると思うよ。あとは、確かに子どもたちは、自分たちの身の周りの環境に応じて、それから子どもたちを励まして活動を続けさせることの家族のメリットに応じて、それらを活用したりしなかったりする。でも、そういったことができる可能性はあるし、ほかの子どもたちも役割を果たしている。つまり、学校の仲間が活動をしていると、同じように活動をしたいという気になることがあるからね。

■ Grammaire

● **profitent ou pas** 「活用したりしなかったりする」　ou pasは「〜かそうでないか」の意味で、前の動詞を否定する。ou nonと同じだが、ou nonよりくだけた言い方である。

Q : Merci ! Oui, Lise ?

Lise : C'est vrai que les activités extrascolaires, ça permet de développer les relations sociales. Ça permet aussi... ben de compléter quelques lacunes. On peut se servir de la musique pour apprendre à être plus concentré. C'est aussi une façon ludique d'apprendre des nouvelles compétences.

Q : Oui, très bien. Merci ! Jérôme, toi qui as un petit garçon qui est en CP, est-ce que tu peux nous donner des exemples d'activités qu'il pratique, en dehors de l'école ?

Jérôme : Oui, alors, mon fils fait beaucoup d'activités extrascolaires. Il fait du sport : il fait du karaté et de la piscine. Il fait de la musique : il a commencé la trompette cette année et puis, il fait du solfège. Et puis, il fait également une activité culturelle. Il... on l'a inscrit au théâtre et il adore ça parce qu'il adore faire le clown. Il dit qu'il adore faire rire les gens.

■ Vocabulaire

- lacune (f.) 不足、欠落
- concentré 集中した
- ludique 遊びの
- solfège (m.) ソルフェージュ（歌詞ではなくドレミの音名で歌うことから始める音楽の基礎的な訓練）
- théâtre (m.) ここでは「演劇教室」ぐらいの意味。
- faire le clown おどけてみせる

■ Grammaire

- **il fait du karaté et de la piscine** 「彼はカラテをやってプールに行っている」 一般に「水泳をする」は faire de la natation と言うが、まだこの子どものように、泳ぎを習っている段階では faire de la natation とは言わず、faire de la piscine「プールをする」あるいは aller à la piscine「プールに行く」と言う。

  karaté は、日本語から入った語だが、最後の音を「テ」と読ませるために e の上にアクサンがつく（同様に、「日本酒」は saké (m.) となる）。

質問者：ありがとう！　はい、リーズ？

リーズ：確かに学外活動によって、社会関係を発展させることができるわ。それにまた…いくつかの不足を補うこともできるのよ。より集中することを学ぶために音楽を利用することもできる。新しい能力を学ぶ、遊びの方法でもあるわね。

質問者：ええ、わかりました。ありがとう！　ジェローム、あなたはCP（小学1年）の男の子がいるけど、学校の外で彼が行っている活動の例をあげてくれる？

ジェローム：うん、そうだね、息子はたくさんの学外活動をしてるよ。スポーツをやっていて、カラテをやってプールに行っている。音楽をやっていて、今年トランペットを始めたんだ、それからソルフェージュをやっている。それから、文化活動もしているよ。彼は…彼を演劇教室に登録させたんだけど、すごく気に入っていてね、おどけてみせるのが大好きだからね。人を笑わせるのが大好きだって言っているよ。

経済活動

Q : **Est-ce que vous pouvez nous parler de l'activité économique de Paris ? Jérôme ? Quel est le** <u>secteur</u> **le plus dynamique ?**

Jérôme : Alors, l'activité... y a beaucoup d'activités dynamiques à Paris, économiquement, parce que la France est un pays très centralisé. Donc, Paris et la région parisienne rassemblent à peu près 20 % de l'activité économique française. Y a beaucoup de <u>sièges sociaux</u>, y a beaucoup de <u>centres</u> de recherche, y a beaucoup de centres de développement, donc des activités qui sont particulières. Y a encore beaucoup d'activités de production,

■ Vocabulaire

- secteur (*m.*)　部門
- siège social (*m.*)　本社
- centre (*m.*)　センター、機関

Piste 23

質問者：パリの経済活動について話してもらえますか？　ジェローム？　最も活発な部門は何かしら？

ジェローム：そうだね、活動…パリには活発な活動がたくさんあるよ、経済面でね、フランスはとても中央集権的な国だからね。だから、パリとパリ地方は、フランスの経済活動の約20％を集めているんだよ。たくさんの本社があるし、たくさんの研究所があるし、たくさんの開発機関がある。つまり独特な活動があるわけだ。さらに、たくさんの生産活動もあるね、

Culture

■ la France est un pays très centralisé 「フランスはとても中央集権的な国である」
フランスは伝統的に中央集権国家で、身近なところで言うと、道路網や鉄道網も、パリを中心として放射状に広がっている。そのため、パリから地方への移動は便利だが、地方から地方への移動は概して不便である。そういうフランスであるが、1980年代からは地方分権を進め、さまざまな改革が行われている。

tout autour de Paris, dans différents domaines, que ce soit l'électronique, l'aéronautique, l'espace, l'automobile. Mais y a aussi... Paris, c'est une ville très touristique, donc y a beaucoup d'activités de tourisme, de tourisme pur. La tour Eiffel, c'est le monument le plus visité en France et la France est le pays le plus visité au monde. Mais y a aussi du tourisme d'affaires, c'est-à-dire que c'est une ville où y a beaucoup de salons. Y a un grand centre de salons et de foires internationales, qui fonctionne toute l'année, avec tous les jours des salons différents.

■ Vocabulaire

- salon (*m.*)　見本市
- foire (*m.*)　フェア、見本市

■ Grammaire

- que ce soit l'électronique, l'aéronautique, l'espace, l'automobile　「電子工学であれ航空学、宇宙、自動車であれ」　基本は〈que ～（接続法）, ou ～〉「～であれ～であれ」の構文で、列挙が多いときは最後の語の前にouを置くのが正しいのだが、話し言葉ではここのようにouなしで使われることも多い。

パリの周りでは、電子工学とか航空学、宇宙、自動車とか、さまざまな分野でね。でもまた…パリは、大変な観光都市だから、たくさんの観光活動、純粋な観光活動がある。エッフェル塔は、フランスで一番観光客が多い建造物だし、フランスは世界で最も観光客の多い国だよ。でもまた、ビジネスツーリズムもある。つまり多くの見本市がある都市だということ。見本市や国際フェアの大中心地で、毎日異なった見本市があって一年中機能しているよ。

Culture

■ **La tour Eiffel**　エッフェル塔。フランス革命100周年を記念して1889年にパリで開催された、第4回万国博覧会Exposition universelleの記念モニュメントとして建てられた。設計したのは、塔の名前にもなっているギュスターヴ・エッフェルGustave Eiffel。現在の高さはテレビアンテナの部分を含めて324メートル。

エッフェル塔の建設計画が発表されたときは、鉄骨の塔など景観を損ねる、として反対運動が起こり、300人もの文化人が反対の署名を行った。万博では大成功をおさめたが、建設から20年後には解体されることになっていた。しかし、無線技術が開発され、アンテナ塔として役立つとわかって残されることになった。

「鉄の貴婦人」La Grande Dame de Ferという異名を持つエッフェル塔は、今ではパリだけでなくフランスを代表するモニュメントとなっているが、インタビューで言われている「フランスで一番観光客が多い建造物」という形容は必ずしも正確ではない。ただ、一般にそういうイメージを持たれているのは事実である。有料の史跡建造物の入場者数としては毎年パリで1、2位を争い（p.107参照）、フランス全体でも「建造物」に限るなら、やはりフランスで1、2位を争う。

フランスで観光客が多く訪れる場所のトップ10（2018年。大聖堂・教会を除く。異なる統計もある）

1位　ディズニーランドパリ Disneyland Paris（Marne-la-Vallée）
2位　ルーヴル美術館 Musée du Louvre（Paris）
3位　ヴェルサイユ宮殿 Château de Versailles（Versailles）
4位　エッフェル塔 Tour Eiffel（Paris）
5位　ポンピドゥーセンター Centre Pompidou（Paris）
6位　オルセー美術館 Musée d'Orsay（Paris）
7位　科学産業都市 Cité des sciences et de l'industrie（Paris）
8位　ピュイ・デュ・フー Puy du Fou (Les Epesses)［歴史のテーマパーク］
9位　凱旋門 Arc de Triomphe（Paris）
10位　アステリックス・パーク Parc Astérix (Plailly)［人気コミック『アステリックス』のテーマパーク］

■ **Salon**　見本市。パリとその近郊では、1年を通して、ワイン、チョコレート、家具、農産物（家畜も含む）など、実にさまざまなものの見本市が開かれている。規模の大きい見本市会場として、パリ市から少し北、シャルル・ドゴール空港近くのヴィルパントParis Nord Villepinteと、パリ市内南端にあるポルト・ド・ヴェルサイユParis Expo Porte de Versaillesの会場があげられる。

Q : Lise, quelque chose à ajouter ?

Lise : Moi, je dirais que Paris, c'est une ville qui est très <u>mélangée</u>.
C'est-à-dire, <u>on a autant des entreprises que de l'habitation</u>.
Surtout dans les arrondissements centraux, c'est vraiment très
très... très très <u>mixte</u>. Donc, c'est aussi très agréable de ne pas
avoir de quartier vraiment d'affaires <u>dédié</u> que <u>à</u> ça au centre de
Paris et d'avoir ce centre d'affaires un peu décalé et puis d'autres
<u>îlots</u>, qu'on retrouve tout autour de Paris. Je trouve ça très sympa.

■ Vocabulaire

● mélangé 雑多な
● mixte 混成の
● dédié à ～ ～に捧げられた
● décalé ずれた
● îlot (m.) 小さな拠点

■ Grammaire

● **on a autant des entreprises que de l'habitation** 「企業もあるし住居もある」 このautant ～ que ～
は aussi bien ～ que ～と同義で「～も～も」の意味。habitationはここでは集合名詞として使われているが、そ
のなかの一部分なので、部分冠詞がついている。

質問者： リーズ、何か付け加えることは？

リーズ： 私に言わせると、パリはとても雑多な町だということになるかしら。つまり、企業もあるし住居もあるということ。特に中心部の区は、とてもとても…とてもとても混成している。だからとても快適よ、パリの中心にはビジネスだけに捧げられた真のビジネス街がなく、少しずれたところにビジネスの中心地があり、パリの周りに他の小さな拠点がいくつもあるというのはね。それはとても感じがいいことだと思うわ。

Culture

■ **centre d'affaires un peu décalé** 少しずれたところにあるビジネスの中心地。パリ市のすぐ西にある副都心デファンス地区la Défenseのことを指していると思われる。ここは超高層ビルの立ち並ぶ現代的なビジネス街で、大きなショッピングモールもある。フランス革命200周年を記念して1989年には、新凱旋門とも呼ばれるグランダルシュGrande Arche（「大アーチ」）が建てられた。ルーヴル美術館から、コンコルド広場、シャンゼリゼ大通り、凱旋門へと続くパリの歴史軸の延長上にあり、過去と現在・未来をつなぐ一本の線を意識したものになっている。グランダルシュからパリ市内の方を見ると、この一直線がよく見晴らせる。なおこのグランダルシュは、モニュメントではなくオフィスビルである。

デファンス地区のグランダルシュ　©Nattee Chalermtiragool/Shutterstock.com

仕事とプライベート

Q : **Les Français sont réputés <u>privilégier</u> leur vie privée, plutôt que leur vie professionnelle. Êtes-vous d'accord avec cette <u>assertion</u> ? Lise ?**

Lise : C'est possible. <u>Surtout que</u>, avec le passage aux 35 heures, on a quand même plus de temps libre ! D'ailleurs, pour la petite <u>anecdote</u>, le passage aux 35 heures a <u>provoqué</u> des phénomènes assez particuliers, par exemple, une augmentation des divorces puisque, les couples passant plus de temps ensemble, y doivent plus se supporter (rires) ! Mais sinon, c'est vrai qu'on apporte une grande importance à l'équilibre entre la vie professionnelle et la vie privée. Certains disent qu'il faut prendre de la distance, pour pouvoir bien les séparer, pour pouvoir profiter de chacune de ces <u>parts</u> de vie. Moi, je suis plutôt <u>partisane</u> d'être entier et de pouvoir être soi-même au travail et dans sa vie privée.

■ Vocabulaire

- privilégier　優先する
- assertion (f.)　主張
- surtout que 〜　〜であるだけになおさらだ
- anecdote (f.)　エピソード
- provoquer　引き起こす
- part (f.)　部分
- partisan de＋不定詞　〜であることを支持した

質問者：フランス人は、職業生活よりもプライベート生活を大切にしているという評判ですが、この主張に賛成ですか？　リーズ？

リーズ：そうかもしれないわね。週35時間労働への移行で、やはり自由な時間が増えただけになおさらね！　もっとも、ちょっとしたエピソードとして、週35時間労働への移行がかなり特殊な現象を引き起こしたということがあるの。例えば離婚の増加ね、だってカップルがより多くの時間を一緒に過ごすので、お互いにもう我慢し合えないに違いないから（笑）！　でも、職業生活とプライベート生活のバランスをとても重視しているのは本当よ。中には、その2つをしっかり分けるには、その2つの人生の部分のそれぞれを活用するには、距離を置かなくてはいけないと言う人もいる。私はどちらかというと、2つの自分に分けないで仕事でもプライベートな生活でも同じ自分自身でいるほうを支持しているわ。

Culture

■ **le passage aux 35 heures**　週35時間労働への移行。フランスでは国の法律によって、2000年（会社の規模によっては2002年）から週35時間労働制が義務付けられた（それまでは週39時間）。これをフランス人は「35時間」les 35 heuresと呼んでいる。管理職はその限りではなく、いくつかの業種では、この規定に当てはまらないものもある。失業対策として、ワークシェアリングの拡大を目的に打ち出されたものだが、新しい雇用の創出に関してはさほど効果はあがっていないらしい。

Q : D'accord, merci ! Jérôme ?

Jérôme : Moi, je trouve que c'est très variable ! Je trouve qu'en théorie, la possibilité existe d'avoir plus de temps libre, notamment du fait de la réglementation des 35 heures, mais que, d'abord, tout le monde n'est pas salarié, tout le monde n'en bénéficie pas. En plus, les conditions économiques, ces dernières années, étaient pas forcément faciles. Et ça se traduit par une augmentation de la compétition internationale, la pression sur les entreprises françaises, qui se traduit aussi par une augmentation du temps de travail. Même si la réglementation ne l'autorise pas ou même l'interdit, dans la pratique, nombreux sont les gens qui travaillent plus. La technologie aussi, tous les mobiles, permet... enfin, ont un petit peu aboli la frontière entre le personnel et le professionnel, le temps de travail et le temps de loisirs. Et donc, on peut très bien faire des interviews pendant la journée sur son temps de travail et taper le soir un document sur son temps de loisirs théorique.

■ Vocabulaire

- du fait de ～　～のせいで
- bénéficier de ～　～の恩恵に浴する
- se traduire　表れる
- abolir　廃止する
- taper　(パソコンなどで) 打つ

■ Grammaire

- **la possibilité existe d'avoir plus de temps libre**　「より多くの自由な時間を持つ可能性は存在する」 d'avoir plus de temps libreは主語のla possibilitéにかかる。動詞に比べて主語がとても長くなるので、de以下が動詞の後に置かれている。
- **mais que**　que以下は2行前のje trouveにつながる2つ目の従属節。
- **tout le monde n'est pas salarié**　「誰もが賃金労働者なわけではない」 toutを含む文が否定文になると、原則として部分否定「すべて～なわけではない」になる。
- **Même si la règlementation ne l'autorise pas ou même l'interdit**　「たとえ規制がそれを許可しないとしても、あるいは禁止さえするとしても」 動詞の前にあるleはどちらも中性代名詞のleで、あとに出てくる主節の中の内容travailler plusを先取りして受けている。

162

質問者： わかりました、ありがとう！　ジェロームは？

ジェローム： 僕は、それはすごく変化しやすいものだと思うよ！　理論的には、特に35時間の規制のせいで、より多くの自由な時間を持つ可能性は存在すると思うけれど、まず誰もが賃金労働者なわけではないし、誰もがその恩恵に浴しているわけではないと思う。そのうえ、経済状況はここ何年か、必ずしも平穏なわけではなかった。それは、国際競争の激化や、フランスの企業への圧力となって表れているし、また労働時間の増加となって表れてもいる。たとえ規制がそれを許可しないとしても、あるいは禁止さえするとしても、実際上は、もっとたくさん働く人は数多いよ。テクノロジーも、携帯電話も全部…つまり、個人と職業人の間の境界、仕事の時間と余暇の時間の間の境界を廃止したようなものだね。つまり、日中、仕事の時間を使ってインタビューして、夜、理論上の余暇の時間を使って資料をパソコンで打つことができるというわけだ。

- **nombreux sont les gens qui travaillent plus** 「もっとたくさん働く人は多い」〈属詞＋être＋主語〉という倒置の構文になっている。
- **on peut très bien faire des interviews pendant la journée sur son temps de travail** 「日中、仕事の時間を使ってインタビューすることができる」　sur son temps de travail「仕事の時間を使って」は、pendant son temps de travail「仕事の時間中に」と違って、本来とは別のことのために時間を使う、ということを含意する。surは「〜の中から」という抽出を表す。次の文のsur son temps de loisirs théoriqueも同じ。

Q : **D'accord, merci ! Mais est-ce que vous n'êtes pas d'accord avec le fait que les Français se soucient plus de leurs vacances et des jours fériés que certaines autres cultures ?**

Lise : Je sais que les Français ont <u>la plus grande productivité</u> par temps de travail (rires) ! Maintenant, je sais pas si on est vraiment plus préoccupés par notre vie privée. Je sais pas du tout !

Q : **D'accord, merci ! Peut-être parce que... aucun de nous n'est salarié...**

Lise : <u>Peut-être</u> !

Grammaire

- **la plus grande productivité** 「非常に高い生産性」 この最上級は、文脈から考えて、いくつかの中で一番というのではなく、程度が非常に高いことを示す。最上級にはそういう用法もある。
- **peut-être** 「かもしれない」 peut-êtreは「そういう可能性もある」ということを意味するだけで、可能性の高い低いは問題にしない。

質問者：わかりました、ありがとう！　でも、フランス人が、他のいくつかの文化よりも、ヴァカンスや祭日のことを気にかけているということには賛成しないのかしら？

リーズ：フランス人は労働時間あたりの生産性が非常に高い、ということを知っているわ（笑）！　今は、私たちが本当にプライベートな生活の方を気にかけているのかどうかわからないわね。全くわからないわ！

質問者：わかりました、ありがとう！　もしかしたらそれは…私たちのうち誰も賃金労働者ではないから…

リーズ：かもしれないわね！

Culture

■ **les vacances**　ヴァカンス。フランスの法定年次休暇は、年5週間である。この休暇は、5月1日から10月31日の間に4週間、残りの半年の期間に1週間取らなくてはならない。また、前者の4週間の有給休暇のうち、2週間は連続した休暇である必要がある。このため、夏休みにまとめて4週間のヴァカンスを取るパターンの人が圧倒的に多い。

　会社では7月、8月、9月に渡って交代で取る。一般商店もやはり夏に一か月のヴァカンスを取るが、同業種の商店が全部一斉に休むことのないよう休みの時期を話し合っていると言う。とりわけフランス人の日々の生活にとって大切なパン屋と、それから薬局は、同じ地域内で順番に休みを取るように調整している。ヴァカンスの際には店先に、開いている別の店の名、住所、定休日を記した紙が貼られている。

Q : ... et voilà, nous sommes responsables de notre activité professionnelle...

Jérôme : Non ! Moi, je travaille beaucoup avec des salariés. Même si je suis pas salarié, je travaille beaucoup avec des salariés. Et je trouve que la durée de temps de travail a augmenté chez tout le monde. Et puis, <u>encore une fois</u>, les frontières plus lâches entre <u>le privé et le pro</u> [ça] fait que on travaille un petit peu n'importe où. Donc, je trouve qu'on travaille plutôt plus. <u>C'est pas parce qu'on part en vacances qu'on débranche nécessairement son téléphone portable</u> et qu'on prend pas les appels du bureau. C'est vrai qu'y a beaucoup de ▐jours fériés▐ en France, c'est pas le seul pays en Europe où y en a. Dans tous les pays européens catholiques, c'est-à-dire <u>quasiment</u> tous les pays européens, on a aussi des jours fériés liés aux fêtes religieuses. Je connais bien le Brésil où y a beaucoup de jours fériés, beaucoup plus qu'en France. Et ça veut pas dire qu'on travaille plus ou moins, c'est pas directement lié.

■ Vocabulaire

● quasiment　ほとんど

■ Grammaire

● **encore une fois**　「もう一度言うけれど」　このencore une foisは、話し手がどのように文を述べるかを聞き手に示す役割を果たしている。このような役割の語（副詞が多い）は、多くは文頭に置かれる：Franchement, je ne vois pas la différence.「率直に言って、違いがわかりません」
● **le privé et le pro**（= le professionnel）「プライベートなことと仕事のこと」　どちらも形容詞をそのまま名詞として使っている。
● **C'est pas parce qu'on part en vacances qu'on débranche nécessairement son téléphone portable**「ヴァカンスに出かけるからといって、必ず自分の携帯電話の電源を切るわけじゃない」〈ce n'est pas parce que A que B〉は、「BであるのはAだからではない」と「AだからといってBなのではない」の2つの意味の可能性があり、ここは後者のほうである。

質問者：…それで、私たちは自分の職業活動に責任があって…

ジェローム：いや！　僕は賃金労働者たちとたくさん仕事をしているよ。僕が賃金労働者ではないとしても、賃金労働者たちとたくさん仕事をしている。労働時間は、すべての人において長くなったと思う。それに、もう一度言うけど、プライベートと仕事の間の境界がより曖昧になって、ほぼどこででも仕事をするということになっている。だから、どちらかというとみんな前より多く働いていると思うよ。ヴァカンスに出かけるからといって、必ず自分の携帯電話の電源を切るわけじゃないし、会社からの電話に出ないわけじゃないからね。フランスに祝日が多いのは本当だけれど、そんなにあるヨーロッパ唯一の国ではないしね。ヨーロッパのカトリックのすべての国では、つまり、ほとんどすべてのヨーロッパの国では、みんな宗教上の祭日に関連した祝日があるからね。僕はブラジルをよく知っているけれど、あそこは祝日がたくさんある、フランスより多いよ。そのことは、働くのがより多いとか少ないとかを意味するのではない。直接関連しているわけではないんだ。

Culture

■ **les jours fériés**　祝日。フランスの祝日には次のようなものがある。キリスト教に関係したものも多い。

（†キリスト教の祝祭日　＊移動祝祭日）

　Jour de l'An　元日（1月1日）

＊† **Pâques**　復活祭（春分後最初の満月のあとの最初の日曜日。3月22日から4月25日の間を移動）

＊† **Lundi de Pâques**　復活祭の月曜日（復活祭の翌日の月曜日）

　Fête du Travail　メーデー（5月1日）

　Fête de la Victoire　第二次世界大戦勝記念日（5月8日）

＊† **Ascension**　キリスト昇天祭（復活祭から40日目の木曜日）

＊† **Pentecôte**　聖霊降臨祭（復活祭から50日目の日曜日）

＊† **Lundi de Pentecôte**　聖霊降臨祭の月曜日（聖霊降臨祭の翌日の月曜日）

　Fête Nationale (le 14 juillet)　革命記念日（7月14日）

† **Assomption**　聖母被昇天祭（8月15日）

† **Toussaint**　万聖節（諸聖人の祝日）（11月1日）

　Armistice du 11 novembre　第一次世界大戦休戦記念日（11月11日）

† **Noël**　クリスマス（12月25日）

話し言葉の特徴　6. 右方転位構文

「話し言葉の特徴5」で、左方転位構文についてみましたが、話し言葉には右方転位（遊離）構文というのもあります。

> Elle est gentille, ta femme !
> やさしいね、君の奥さん！

> Je l'ai vu tout à l'heure, Nathan.
> さっき会ったよ、ナタンには。

まず代名詞で述べてから、それが指す名詞を文の最後（つまり動詞の右方）に置く、というものです。1、2人称の代名詞のときは、強勢形にします。

> Je n'en sais rien, moi !
> そんなこと知らないわよ、私は！

右方転位の要素が間接目的語の場合は、前置詞àが必要です。これは左方転位の場合と異なります。

> Je lui ai téléphoné, à Camille. （右方転位）
> 電話しておいたよ、カミーユには。

> Camille, je lui ai téléphoné. （左方転位）
> カミーユだったら、電話しておいたよ。

右方転位で示されたものは、ふつう文脈や状況で何・誰のことなのかがわかっています。代名詞を使って内容を伝えたあと、「何・誰のことか」を確認として右方転位で念押ししているのです。
また、この右方転位構文は、しばしば感嘆や強調のニュアンスを帯びます。そのため、よく感嘆文と右方転位の構文が組み合わされて使われます。

> Qu'elle est belle, ta broche !
> きれいね、あなたのブローチ！

Chapitre 7　人と街

狭いパリではあっても、住んでいる人もさまざま、地域の特徴もさまざまです。特に、パリの右岸（セーヌ川の北）と左岸（セーヌ川の南）でまず大きく違います。移民が増えている現在ではあてはまらない地区もありますが、伝統的には右岸は、貴族が住み、ブルジョワ文化が花開き、政治的には保守で、経済活動の行われる地域とされ、それに対して左岸は、庶民が住み、学生が文化を作り、政治に革新を求め、芸術を生み出す地域とされています。

　代々パリに住んでいる人にとって、自分が住んでいるエリアを離れることなど考えられず、日々の生活でもセーヌ川を渡って反対岸に出かけることも、特に理由がない限り、あまりないとの話も聞きます。

Personnes interviewées
Claire GYSEL ／ 女性 ／ 49歳 ／ 室内装飾家・語学教師 ／ パリ在住10年
Nicolas DEVILLARD ／ 男性 ／ 42歳 ／ 不動産業者 ／ パリ在住42年

パリジャンとパリジェンヌの特徴

Q : **Selon vous, qu'est-ce qui caractérise** les Parisiens et les Parisiennes **? Qui est-ce qui veut** prendre la parole, **d'abord ? Claire ?**

Claire : Alors, ils sont toujours pressés. Ils sont toujours stressés. Mais c'est pareil dans toutes les grandes villes du monde, où on court après le temps. Y a beaucoup de temps de trajet, le travail est parfois stressant parce qu'on a beaucoup de pression au travail. Ceci dit, les Parisiens sortent beaucoup. Les restaurants, les bistrots sont toujours pleins. Et puis, y z'ont quand même... arrivent à avoir une vie sociale en dehors.

■ Vocabulaire

- prendre la parole 発言する
- stressé ストレスにさらされた
- courir après ～ ～を追いかける
- trajet（*m.*） 通勤（の道）
- stressant ストレスを引き起こす
- arriver à＋不定詞 ～できる

質問者：お二人にとって、パリジャン、パリジェンヌの特徴は何でしょう？　誰が
まず話す？　クレール？

クレール：そうね、いつも急いでいるわね。いつもストレスにさらされている、でも
それは世界のあらゆる大都市で同じよね、みんな時間を追いかけている。通勤
時間は長いし、仕事は時としてストレスになる、仕事ではプレッシャーが多いから。
それはそれとして、パリの人たちはよく外出するわね。レストランやビストロはいつ
もいっぱいよ。彼らはそれでも…ほかに社会生活を持つことができているわけね。

Culture

■ **les Parisiens et les Parisiennes**　パリジャンとパリジェンヌ。パリ市内の人口は約
216万人（2019年）である。約1,395万人の東京と比べると少ないと思われるかもしれないが、
パリ市内の面積は105 km²、市の東西にあるヴァンセンヌの森とブローニュの森を除くと89 km²
（東京の山手線内側の面積63 km²より少し広い程度）しかないので、決して少ないわけではない。一番人口
が多い区は、一番面積の広い15区である。

Q : **D'accord, très bien ! Nicolas ?**

Nicolas : En fait, oui, c'est un peu difficile de caractériser parce qu'en plus « Parisien », ça veut pas forcément refléter une partie de la population aux contours très définis, parce que les Parisiens, pour beaucoup, ne sont pas Parisiens d'origine et sont juste Parisiens d'adoption. Donc, essayer de définir des traits communs... je sais pas. Je pense qu'y a probablement une... ça va paraître très futile de dire ça, mais je pense qu'y a une importance assez grande qui est donnée à l'apparence. Ça paraît probablement aussi un peu un cliché, mais je pense que les Parisiennes et les Parisiens font toujours un peu attention à donner une image d'eux-mêmes qui est flatteuse et qui est en tout cas pas dévalorisante. Aller plus loin dans les traits communs des Parisiens et des Parisiennes... je sais pas. C'est une population tellement diverse que (rires) je m'y risquerai pas !

Q : **D'accord, très bien ! Quelque chose à ajouter, Claire, peut-être ?**

Claire : Les Parisiens sont très fiers d'habiter Paris intra-muros. C'est plus valorisant de dire qu'on habite dans Paris que dans une ville en dehors.

■ Vocabulaire

- contour (*m.*) 輪郭
- défini はっきり決められた
- d'origine 出身の
- d'adoption 自分で選択した
- trait (*m.*) 特徴
- futile くだらない
- cliché (*m.*) 紋切り型、決まり文句
- flatteur(flatteuse) 実際よりよく見せる
- dévalorisant 評価を低める
- valorisant 価値を高める

質問者： わかりました！ ニコラは？

ニコラ： 実際、そうだね、特徴づけるのはちょっと難しいね。それに「パリの人」というのは、はっきりと決められた輪郭を持つ人々の一部を必ずしも反映するものではないからね。なぜなら「パリの人」は多くの場合、パリ出身者ではなくて、ただパリに住むことを選んだ人たちだからね。だから、共通する特徴を定義しようと試みることは…わからないな。きっとあると思うけど…こう言うのはとてもくだらないことに思えるだろうけれど、外見にかなり大きな重要性が与えられていると思う。これまたきっと少し紋切り型のように思えるだろうけれど、パリジェンヌ、パリジャンは、自分自身について、よりよく見せ、とにかく価値を低めることのないイメージを与えることにいつもちょっと注意を払っていると思う。パリジャン、パリジェンヌの共通する特徴にもっと踏み込むことは…わからないな。あまりに多様な人たちなので（笑）、僕はそんなことあえてしないよ！

質問者： わかったわ！ 何か付け加えることは？ クレール、あるかしら？

クレール： パリの人は、パリ市内に住んでいることをとても誇りにしているわ。パリの外の町よりパリ市内に住んでいると言うことは、より価値を高めることなのよ。

■ Grammaire

- ça veut pas forcément refléter une partie de la population 「人々の一部を必ずしも反映するものではない」 ここはvouloir dire「意味する」とrefléter「反映する」を混ぜて使ってしまったと思われる。population (f.) は「人々」という意味。
- une importance assez grande 「かなり大きな重要性」 原則として名詞の前に置かれる形容詞でも、副詞がついたり、比較級・最上級になったりすると名詞の後に置かれることがある。

パリに住む

Q : **Est-il difficile de se loger à Paris ? Nicolas ?**

Nicolas : Oui, effectivement, c'est pas facile de se loger à Paris parce que <u>y a plus de gens qui veulent habiter Paris qu'il n'y a d'<mark>appartements</mark> à vendre ou à louer.</u> Bon, <u>c'est plus ou moins difficile suivant les périodes.</u> Y a des périodes, quand même, où y a une petite <u>détente</u> du marché et où les clients ont un peu plus... les clients qui recherchent des appartements ont un peu plus de facilité à les obtenir. Ce qui est difficile, c'est que le marché n'est pas très <u>homogène</u> et que, même s'y a des traits communs, les appartements ne sont pas <u>standardisés</u>, ne sont pas <u>normés</u>. Donc, y a des choses qui sont très bien et... des appartements qui sont très bien et qui <u>côtoient</u> des appartements de qualité assez

■ Vocabulaire

- détente (*f.*) ゆるみ
- homogène 均質の
- standardisé 規格化された
- normé 基準化された
- côtoyer 〜 〜と隣り合う

■ Grammaire

- **y a plus de gens qui veulent habiter Paris qu'il n'y a d'appartements à vendre ou à louer** 「分譲や賃貸のアパルトマンの数よりパリに住みたい人の方が多い」 plus ... que の比較の文。比較の対象のque以下の文には虚辞（否定ではない）のneが入っている。plus ... que / moins ... queのあとに文が来る場合には、虚辞のneが入る（くだけた話し言葉では入らないこともある）。d'appartementsとなっているのは、plus de gensのde gensに合わせるからである : Ce système a plus de défauts que de qualités. 「このシステムは長所より短所のほうが多い」
- **c'est plus ou moins difficile suivant les périodes** 「時期によって、より難しかったりそれほどでもなかったりする」 この文は、c'est plus difficile ou moins difficile suivant les périodes.という意味である。plus ou moinsは熟語の「多かれ少なかれ」ではないので注意。

♪ Piste 26

質問者： パリに住むのは難しい？　ニコラ？

ニコラ： うん、確かに、パリに住むのは簡単ではないね、なぜなら、分譲や賃貸のアパルトマンの数よりパリに住みたい人の方が多いからね。そうだね、時期によって、より難しかったりそれほどでもなかったりする。それでも市場がちょっとゆるんで、客がもう少し…アパルトマンを探している客が少し手に入れやすくなる時期もあるよ。難しいのは、市場があまり均質ではなく、たとえ共通の特徴があったとしても、アパルトマンは規格化されていない、基準化されていないということなんだ。だから、とてもいいものがあり…とてもいいアパルトマンがあり、それらがかなり並以下の品質のアパルトマンと隣り合っている。だから、

Culture

■ **appartement**　アパルトマン。「アパルトマン」は、集合住宅の中の一居住区画を指す語である。それに対して建物のほうは、immeuble (m.) と言う。日本語では、「マンション」と訳すとしても「アパート」と訳すとしても、両方の意味があるので注意が必要。ワンルームマンションは studio (m.) と言う。

　フランスのアパルトマンにはふつう部屋番号がない。住所は建物の番地のみである。そのため郵便物、特に荷物が届かないということが何かと起こりやすい。管理人がいる大きな建物だと、郵便物を仕分けるのが管理人の大切な仕事の一つになっている。友人宅に行くときも、何階のどこかをしっかり聞いておかないと、たどり着くのに苦労する（表札を出していない人も多い）。

médiocre. Donc, y a un côté un peu déroutant et un peu surprenant pour ceux qui cherchent un appartement. Je pense que la plus grande difficulté pour se loger à Paris, au bout du compte, c'est pas tellement de trouver le bon appartement, c'est aussi l'aspect financier. C'est que ça coûte évidemment plus cher que dans des communes qui sont éloignées de Paris. Plus on s'éloigne de Paris, moins c'est cher, en général. Et il est certain que ne peuvent plus habiter à Paris des gens avec des revenus modestes. Le revenu moyen français ne permet pas à une famille qui bénéficie de ce revenu moyen de se loger à Paris. C'est impossible ! Ils sont obligés d'aller assez loin de Paris. Donc, je pense que c'est ça la plus grande difficulté, aujourd'hui, pour se loger à Paris.

■ Vocabulaire

● déroutant　困惑させる
● au bout du compte　結局のところ

■ Grammaire

● **Plus on s'éloigne de Paris, moins c'est cher**「パリから離れれば離れるほど、安くなる」 Plus [Moins] 〜, plus [moins] 〜「〜すればする［しなければしない］ほど、ますます〜する［しない］」という比較の構文を使った表現。

● **il est certain que ne peuvent plus habiter à Paris des gens avec des revenus modestes** 「ささやかな収入の人たちがパリにもう住むことができないのは確かだ」 queのあとの文の、主語と動詞が倒置されている。

アパルトマンを探している人たちにとっては、少し困惑したり、少し驚いたりする
側面があるね。パリに住むための最も大きな困難は結局のところ、よいアパル
トマンを見つけることではあまりないと思う。それは財政的側面でもあるんだ。パ
リから離れたコミューンよりも、もちろんもっと高いということだから。一般に、パ
リから離れれば離れるほど、安くなる。ささやかな収入の人たちがもうパリに住む
ことができないのは確かだね。フランスの平均的な収入では、この平均的な収
入を得ている家族がパリに住むことはできない。不可能だよ！　パリからかなり
遠くに行かざるを得ない。だから、それこそが今日パリに住むための最も大きな
困難だと思うよ。

Culture

■ **commune**　コミューン。フランスのコミューンは、日本の市町村にあたるものだが、市町
村の区別はなく、人口の規模の大小にかかわらず、すべてコミューンである。日本の市町村と比べ
て、数が多く小規模であるのがフランスのコミューンの特徴である。コミューンの議会がle
Conseil municipal（市［町・村］議会）、コミューンの長がle maire（市［町・村］長）である。なおフラン
スでは、国会議員と地方公選職の兼職が認められており、国会議員で市長という人は数多い。

Nicolas : Pour revenir à ce qu'on disait tout à l'heure sur la difficulté de trouver un appartement, c'est vrai que... je pense que, pour beaucoup, le choix, il est pas vraiment un choix. Il est un peu un choix par défaut, c'est-à-dire qu'on prend parfois ce qu'on arrive à trouver. Bon ! On fait beaucoup... on prend... on fait beaucoup de concessions et on fait des arrangements avec ce qu'on avait, au départ, envie de trouver. En revanche, je pense qu'y a une vraie constante, c'est que les gens définissent leurs besoins par rapport au quartier. Et je crois que, notamment à Paris, les Parisiens sont très très très attachés à leur quartier. Et bien souvent, quand ils déménagent, quand ils quittent un appartement, ils veulent rester dans le vraiment même quartier. Y a un vrai attachement à ça, parce que Paris est en fait constitué, quand même, de beaucoup de petits villages. Et cet aspect-là est difficile à perdre quand on est habitué à avoir ses commerces de proximité, son boulanger, son boucher, etc. On veut pas les perdre et on a des amis dans le quartier et on estime que, voilà, on appartient à cet endroit et on veut pas aller ailleurs. Donc la plupart du temps, moi je vois, dans mon activité d'agent immobilier, je vois que les clients qui louent un appartement ou qui l'achètent, habitent déjà le quartier, très très très très souvent.

■ Vocabulaire

- concession (f.) 譲歩
- constante (f.) 不変の特徴
- attaché à 〜 〜に愛着のある
- de proximité 近くの
- appartenir à 〜 〜に属す
- agent immobilier (m.) 不動産業者

ニコラ：さっきアパルトマンを見つける困難について言っていたことに戻ると、確かに…多くの人にとって選択は、本当に選択というわけではないと思うんだ。ほかにないから選ぶということなんだ、つまり、見つけることができたものにすることがあるんだよ。まあね！　たくさんの…たくさんの譲歩をするし、最初に見つけたいと思ったものと折り合いをつける。その一方で、まさに不変の特徴というものがあると思う、それは人々が地区とのつながりで自分たちに必要なものを定めているということだ。特にパリでは、パリの人たちは自分たちの地区にとてもとても愛着を持っていると思う。多くの場合、引っ越しをするとき、アパルトマンを離れるとき、彼らはその同じ地区にとどまりたがるんだ。そこへの真の愛着がある、なぜならパリはやはり、たくさんの小さい村から成り立っているんだね。行きつけの近くの商店、パン屋、肉屋などを持つことに慣れていると、こういう側面は失い難いね。そういったものを失いたくないし、その地区には友人たちがいるし、その場所に属していると考えていて、他の場所には行きたくないんだ。だからたいてい、僕は不動産業者としての活動の中で、アパルトマンを借りたり買ったりする客はすでにその地区に住んでいるのを見てきているよ、ものすごくしょっちゅうね。

地方の人から見たパリ

Q : **Que pensent les provinciaux de Paris ? Nicolas ?**

Nicolas : Alors, en général, les provinciaux ont un comportement vis-à-vis de Paris qui est tout l'un ou tout l'autre. Y a soit une espèce de fascination pour Paris, une envie et peut-être une frustration de pas y habiter. Ils se disent que ce serait bien, mais que c'est trop compliqué, c'est un rêve et...

Claire : C'est inaccessible.

Nicolas : Inaccessible, voilà, exactement ! Et puis, pour beaucoup d'autres, c'est une ville de fous, où on paye tout plus cher, où les déplacements sont difficiles, où y a beaucoup de monde, où y a beaucoup de bruit et une ville... et une vie, finalement, à laquelle ils n'ont pas du tout du tout envie d'adhérer. Donc, y a une partie que je ne saurais pas estimer, mais y a une frange de la population qui en tout cas n'a pas du tout envie d'aller à Paris et n'y va quasiment jamais, voire n'y est jamais allée, alors qu'ils vivent à une heure de Paris.

■ Vocabulaire

- provincial(e) (*n.*) 地方の人
- comportement (*m.*) 行動、態度
- vis-à-vis de ～ ～に対して
- tout l'un ou tout l'autre どちらか
- fascination (*f.*) 魅惑
- frustration (*f.*) フラストレーション
- adhérer 加入する
- une frange de ～ 一部の～
- voire さらには

Piste 27

質問者：地方の人はパリのことをどう考えているんでしょう？　ニコラ？

ニコラ：そう、一般的に、地方の人はパリに対して、どちらかの態度を取るね。パリに対する一種の魅惑があるか、そこに住みたくない気持ち、もしかしたら住みたくないフラストレーションがあるかだね。彼らは、いいのかもしれないけど、でもあまりに複雑だ、と思っているよ、それは夢で、そして…

クレール：近づき難い。

ニコラ：近づき難い、それ、そのとおり！　それから、別の多くの人にとっては、頭がおかしい人たちの町で、何でも値段がより高いし、移動は困難だし、たくさんの人がいるし、騒音は多いし、町は…結局、彼らが全然仲間入りしたくない生活なんだね。だから、僕が評価をすることのできない一部分があるけど、とにかくパリに全然行きたくない、そしてほとんど決して行かない、さらにはパリから一時間のところに暮しているのに一度も行ったことのない一部の人たちはいるよ。

▰ Grammaire

- **Que pensent les provinciaux de Paris**「地方の人はパリのことをどう考えているのか」penser A de B「BについてAと思う」の構文で、Aのところがque、BのところがParisである。

Q : **Très bien ! Claire ?**

Claire : C'est vrai que quand on est en dehors de Paris, tout est plus lent, moins cher. Donc, les gens, y comprennent pas forcément pourquoi <u>on veut aller où c'est plus cher</u>, c'est plus pollué, c'est plus stressant, c'est plus bruyant. Y comprennent pas forcément !

Nicolas : Mais, y a aussi un fait, pour compléter ce qu'on disait, c'est que, pour les provinciaux, le fait de venir à Paris, c'est aussi parfois une <u>obligation</u>. Et ça ne correspond pas forcément à une envie, mais ça peut être aussi une obligation professionnelle parce qu'il est certainement beaucoup plus facile de trouver à Paris un emploi, dans certains domaines notamment, qu'en province. La France est malheureusement un pays qui est très centralisé et, ben, y a beaucoup de <u>fonctions</u> qu'on ne peut pas exercer en province ou, en tout cas, les <u>débouchés</u> sont tellement plus maigres qu'à Paris, que beaucoup viennent à Paris, apprécient ou non et, parfois, retournent vivre en province après. Mais en tout cas, ils considèrent que, pour trouver un travail intéressant, le seul moyen, c'est de venir ici.

■ **Vocabulaire**

● obligation（f.）必要
● fonction（f.）仕事
● débouché（m.）就職口

■ **Grammaire**

● **on veut aller où c'est plus cher**「より値段が高いところに行きたがる」 oùは先行詞なしで使われた関係代名詞（関係副詞）で、「～するところ（=là où）」を表す。

質問者：わかりました！　クレールは？

クレール：確かに、パリの外にいると、すべてがもっとゆっくりで、もっと値段が安いわね。だから人々は必ずしも理解するわけではないの、なぜより高くて、より汚染していて、よりストレスになるところに行きたがるのかをね。必ずしも理解するわけではないのよ！

ニコラ：さっき言っていたことを補足すると、ある事実もあって、それは地方の人たちにとって、パリに来るということは、時にやむを得ないことでもあるんだよ。必ずしも望んでというわけではなくて、職業上の必要であることもある。なぜなら、地方よりもパリのほうが、特にいくつかの分野では、仕事を見つけるのが間違いなくずっと簡単だからね。フランスは残念ながらとても中央集権的な国で、それで地方では従事することができない仕事がたくさんある。あるいは、いずれにしても、就職口がパリよりもあまりに少ないので、多くの人がパリに来て、気に入ったり入らなかったりして、そして時にはそのあと地方にUターンするんだ。でもいずれにしても、興味深い仕事を見つけるために、唯一の手段はここに来ることだと彼らは考えているよ。

お気に入りのパリ

Q : Alors, quel aspect de Paris appréciez-vous le plus particulièrement ? Claire ?

Claire : On s'en lasse jamais. Y a toujours quelque chose de... pas de nouveau forcément, mais qui étonne. Le pain est toujours bon (rires) ! On peut se déplacer en Vélib'. C'est le... les vélos qu'on peut louer le temps qu'on veut. Donc, ça c'est très pratique. Et puis, on passe de quartier en quartier et c'est toujours aussi beau, Paris. Y a des odeurs qui sont pas comme ailleurs...

▬ Vocabulaire

● se lasser de 〜　〜に飽きる

ヴェリブ　© Pascal Lagesse/Shutterstock.com

Piste 28

質問者：では、パリのどんなところを特に一番気に入っている？　クレール？

クレール：決して飽きないわね。いつも何かがある、必ずしも新しいものではないけれど、人を驚かせるものがね。パンはいつもおいしいし（笑）！　ヴェリブで移動することができる。好きな時間だけ借りられる自転車のことね。これ、とても便利なのよ。それから、地区から地区へと行くと、いつも同じくらい美しいわ、パリは。ほかの場所にはない匂いがある。

Culture

■ **Vélib'**　ヴェリブ。車が多く、交通渋滞や大気汚染の問題を抱えるパリ市では、2007年にVélib'「ヴェリブ」（vélo「自転車」と libre「自由な」を組み合わせた造語）という自転車レンタルシステムを始めた。市内（現在ではパリ近郊でも）のあちこちに、station「スタシオン」と呼ばれる貸出・返却スポットが設置されていて、利用者は自分自身で、スタシオンにあるborne「ボルヌ」と呼ばれる端末で支払い手続きをして、自転車を借りる。借りた自転車はどこのスタシオンに返却してもよい。年中無休、24時間営業で、旅行者も利用者登録をして利用することができる。このVélib'の試みは成功し、現在では他の都市でも行われ始めている。なお、フランスでは自転車は、専用道路がないところでは必ず車道を走行しなければならず、歩道は走行不可なので注意が必要である。

「ヴェリブ」がすっかり定着したパリでは、2011年に今度は「ヴェリブ」の車版、電気自動車のカーシェアリングシステム「オトリブ」Autolib'が登場した。

Nicolas : Oui, y a un charme sans cesse renouvelé, en fait. C'est vrai qu'en fonction de la saison, en fonction du quartier, on découvre toujours de nouvelles choses. <u>Ça rend très difficile pour...</u> à mon avis, pour les Parisiens d'habiter ailleurs qu'à Paris. Parce que, ben c'est vrai, c'est ce que vous disiez, on peut, en marchant vingt minutes ou à peine plus, passer à travers trois quartiers avec trois ambiances très différentes, à travers trois villages. Et c'est ça qui est très très très agréable, c'est que Paris est en fait une ville assez petite, a une taille très très humaine et on peut s'y déplacer assez facilement et notamment à pied. Moi, je recommande vraiment de se déplacer dans Paris à pied parce que c'est le meilleur moyen de découvrir la ville. Et finalement, oui, c'est une bonne idée de découvrir Paris de manière assez structurée avec une organisation de voyage et avec une <u>efficacité</u> qui permet de voir beaucoup de choses, parce qu'y a beaucoup de choses à voir à Paris. Mais après, ce que je conseillerais, c'est, quand on a la possibilité de le faire, de revenir, en étant totalement libre et en mettant le guide touristique de côté et en marchant simplement, en suivant son instinct et en allant <u>à droite,</u> <u>à gauche</u> et, finalement, en ne faisant, à mon avis, que des bons choix parce que tout est plutôt assez intéressant à visiter dans Paris, Paris intra-muros. Et même des choses très <u>anodines</u> sont assez sympathiques et, en tout cas, certainement assez <u>dépaysantes</u> quand on vient de l'étranger.

■ **Vocabulaire**

- efficacité (*f.*) 効率
- à droite, à gauche （右に左に→）あちこちに
- anodin 取るに足らない
- dépaysant 新鮮な

ニコラ：うん、実際、絶えず新たになる魅力があるね。本当に、季節に応じて、地区に応じて、いつも新しいものを発見するよ。そのことはとても難しくするよね…僕の意見では、パリの人にとってパリとは別のところに住むことをね。なぜなら、確かに、あなたが言っていたことだけど、20分かそこら歩くと、3つのとても違った雰囲気を持つ3つの地区を、3つの村を横切れる。それがとてもとても心地いいんだけれど、それは、パリが実際かなり小さい町で、とてもとても人間的なサイズを持っているということなんだ。かなり簡単に、特に歩いて移動することができる。僕は、ぜひパリの中を歩いて移動することをお薦めするよ、それがこの町を発見する一番いい方法だからね。結局のところは、そう、旅のプランニングをして、たくさんのものが見られる効率のよさで、構成をかなりしっかり組み立ててパリを発見するのはいい考えだよ。だってパリには見るべきものが多いからね。でもそのあと僕がアドバイスするのは、そうすることができるなら、戻ってきて、完全にフリーで、ガイドブックは脇に置いて、ただ歩いて、直感に従って、あちこちに行って、そうすれば結局は、僕の意見では、よい選択しかしないことになる。なぜならパリでは、パリ市内では、すべてがどちらかと言えば結構見物して面白いからね。本当に取るに足らないものでさえ、なかなかいい感じだよ、いずれにせよ外国から来たときは、きっとかなり新鮮だよ。

■ Grammaire

● Ça rend très difficile pour... à mon avis, pour les Parisiens d'habiter ailleurs qu'à Paris.
「そのことは、僕の意見では、パリの人にとってパリとは別のところに住むことを難しくする」〈rendre＋形容詞＋de＋不定詞〉「～することを…にする」の構文。rendreは一般に〈rendre＋名詞＋形容詞〉「～を…にする」の構文で使うが、このようにde＋不定詞を目的語とした構文で使うこともある。

Q : **Donc, Paris est toujours plein de surprises, c'est ça ?**

Nicolas : Oui, je crois qu'on a du mal à s'en lasser de Paris. C'est assez difficile de s'en lasser. <u>On peut en avoir plus qu'assez des difficultés de logement</u>, des difficultés de circulation, parfois de la météo, qui est pas très très... pas très agréable. Mais on a du mal à quitter Paris. C'est difficile.

Claire : Y a aussi, sans acheter un ticket pour rentrer dans un musée... on <u>vit</u> Paris dehors. Y a beaucoup d'événements dehors : la Fête de la musique, les Nuits Blanches. Et il y a aussi, tout simplement, les marchés de fruits et légumes, où les Parisiens vont. Et c'est pas juste quelque chose de touristique, les gens, y z'achètent leurs fruits et légumes dans la rue. Et aussi, il y a les marchés aux puces. Donc y a toujours des marchés à droite à gauche. Il y a toujours quelque chose dans la rue, sans devoir acheter un billet pour rentrer dans un musée.

Nicolas : C'est vrai que la rue peut être un spectacle et c'est ça qui est assez agréable.

■ Vocabulaire

● vivre　体験する、味わう

■ Grammaire

● On peut en avoir plus qu'assez des difficultés de logement 「住まいの困難さにはうんざり以上
になるかもしれない」 en avoir assez de ～ 「～にうんざりする」のassezにplus queがついて 「うんざり以上」
という意味になっている。

Culture　■ la Fête de la musique　音楽の祭日。毎年夏至の日6月21日に開催される音楽イベント。
1982年にフランスで誕生し、今や世界中に広がった。ジャンル、プロ・アマ、屋内・屋外を問わず、
音楽を演奏する場を提供することを目的に生まれ、普段はコンサートの開かれない美術館や公共施
設で、またカフェやレストランや公園や道でも、様々なコンサートが一日中、夜遅くまで行われる。観光スポッ
トでは、大きな舞台が組み立てられてライブが行われることもある。ほとんどが入場無料である。

質問者： つまり、パリはいつも驚きに満ちている、ということ？

ニコラ： そう、パリに飽きるのには苦労すると思うよ。飽きるのはかなり難しい。住まいの困難さや、交通の困難さや、時には、あまりあまり…あまり快適ではない天候にはうんざり以上になるかもしれないけれど。パリを離れるのには苦労するよ。難しいよ。

クレール： あとは、美術館に入るためにチケットを買うのでなく…外でパリを体験するの。野外でのイベントがたくさんあるわ：「音楽の祭日」とか「白夜祭」とかね。それからまた、ただ単にパリの人たちが行く果物と野菜の市場もある。それはまさしく観光というものではないけれど、人々は通りで果物や野菜を買っているのよ。それから蚤の市もあるわ。つまりいつもあちこちに市場がある。いつも通りでは何かがあって、美術館に入るためにチケットを買う必要などないのよ。

ニコラ： 確かに、通りはショーになりうるね、これがけっこう楽しいんだ。

■ **marché** マルシェ（市場）。パリには約90のマルシェがある。マルシェには、常設店舗が並ぶ建物内の市場と、道路や広場を利用した、テント屋根の露店が並ぶ屋外の青空市場の2つのタイプがある。屋外のマルシェの場合は（場所によっては屋内のマルシェでも）、週に2日、決まった曜日の午前中に開かれるのが一般的である。中にはオーガニックの食品・製品を扱うビオ（p.123参照）のマルシェmarché bioもある。曜日によって普通のマルシェmarché traditionnelとビオのマルシェが交互に開かれることもある。

■ **les marchés aux puces** 蚤の市。パリの蚤の市で一番有名なのは、パリのすぐ北（パリ市内ではない）に広がるクリニャンクールの蚤の市だろう。サン・トゥアン市St-Ouenにあるので、Marché aux Puces de St-Ouenが正しい名称だが、最寄りの地下鉄の駅がポルト・ド・クリニャンクールPorte de Clignancourtであるため、クリニャンクールの蚤の市と呼ばれることが多い。扱う品物によってエリアに分かれており、世界最大規模の敷地に店舗が建ち並ぶ。土曜、日曜、月曜のみ開かれる。

　パリの南の端には、ずっと規模は小さいが、ヴァンヴの蚤の市 Marché aux Puces de Vanvesがある。道路を使った露天の店が並び、土曜と日曜の朝のみ開かれる。もう一つパリの東端には、モントルイユの蚤の市 Marché aux Puces de Montreuilがあるが、こちらはどちらかというと生活雑貨が中心である。土曜、日曜、月曜のみ開かれる。これ以外、小さな蚤の市もあちこちで開かれる。

話し言葉の特徴 7. 主語人称代名詞

話し言葉特有の主語人称代名詞の用法をまとめておきましょう。

on nous「私たち」に代わって大変よく使われます。形容詞・過去分詞は、原則としてonの内容に一致させます。

> On se revoit quand ? いつまた会う？
> On s'est bien amusés samedi après-midi.
> 土曜の午後は大いに楽しんだよ。

tu / vous 聞き手その人を指すのではなく、一般的な話をするときに使われることがあります。とりわけ自分の個人的体験を踏まえて話をするときに使われ、聞き手をその状況に取り込むようにして関心を引きます。

> Dans cette entreprise, tu bosses beaucoup, tu gagnes beaucoup, mais si tu fais une petite gaffe, tu es tout de suite renvoyé !
> その会社では、たくさん働いてたくさん稼ぐけど、ちょっとへまをするとすぐに首になるんだ！
>
> Dans ce restaurant, vous êtes toujours très bien servis.
> このレストランでは、とてもいいサービスが受けられます。

ils 受ける男性複数名詞なしに使われ、文脈が示す関係者たちを漠然と指します。政府、当局、権力者、責任者、担当者などを暗に指しますが、必ずしも敵意を表すとは限りません。

> Ils n'ont pas pensé à augmenter la TVA sur ces produits de luxe.
> 連中はこれらの贅沢品の付加価値税を上げることは考えなかったんだ。
>
> Ils annoncent une chute des températures à partir de demain. 明日から気温が下がるって言っているよ。

参考文献

ほんの一部に過ぎませんが、参考文献をあげておきます。

朝比奈美知子、横山安由美編『フランス文化55のキーワード』ミネルヴァ書房、2011年

斉藤広信、ベルナール・レウルス『もっと知りたいフランス―歴史と文化を旅する5章』駿河台出版社、2006年

ジュヌヴィエーヴ・ブラム『ほんとうのフランスがわかる本』ヴァンソン藤井由美監修、大塚宏子訳、原書房、2011年

紅山雪夫『フランスものしり紀行』新潮文庫、2008年

石井洋二郎『パリ――都市の記憶を探る』ちくま新書、1997年

稲葉宏爾『改訂版 ガイドブックにないパリ案内』阪急コミュニケーションズ、2012年

鹿島茂『パリ世紀末パノラマ館』中公文庫、2000年

鹿島茂『パリの秘密』中公文庫、2010年

アルフレッド・フィエロ『パリ歴史事典』(普及版)、鹿島茂監訳、白水社、2011年

福井憲彦、稲葉宏爾『パリ 建築と都市』山川出版社、2003年

宮下志朗『パリ歴史探偵術』講談社現代新書、2002年

■ 著者略歴

杉山　利恵子（すぎやま　りえこ）

東京生まれ。白百合学園高等学校、東京大学文学部、トゥール大学大学院、東京大学大学院、パリ第7大学大学院を経て、現在明治大学文学部教授。専門はフランス語学。NHKラジオ・テレビのフランス語講座の講師を数度にわたり務める。著書に『初めてのフランス旅行会話』（NHK出版）、『仏検合格のための傾向と対策1級』（エディシヨン・フランセーズ）、『フランス語でつづる私の毎日』（三修社）、『フランス語がびっくりするほど身につく本』（あさ出版）、『中級をめざす人のフランス語文法』（NHK出版）などがある。

取材協力・質問者・校閲：
Patricia Poirey

現地収録！　フランス語でめぐるPARIS［第2版］

2020年7月20日　初版発行
2022年2月20日　第2刷発行

著　者　杉山利恵子
　　　　© Rieko Sugiyama, 2020
発行者　伊藤秀樹
発行所　株式会社 ジャパンタイムズ出版
　　　　〒102-0082 東京都千代田区一番町2-2 一番町第二TGビル2F
　　　　電話　050-3646-9500（出版営業部）
　　　　ウェブサイト　https://jtpublishing.co.jp/
印刷所　日経印刷株式会社

本書の内容に関するお問い合わせは、上記ウェブサイトまたは郵送でお受けいたします。
定価はカバーに表示してあります。
付属のCDは再生機器の種類により、不具合を生じる場合があります。ご使用に際しての注意事項につきましては、以下のウェブサイトをご覧ください。
http://bookclub.japantimes.co.jp/act/cd.jsp
万一、乱丁落丁のある場合は、送料当社負担でお取り替えいたします。
（株）ジャパンタイムズ出版・出版営業部あてにお送りください。

Printed in Japan　ISBN978-4-7890-1766-4

本書のご感想をお寄せください。
https://jtpublishing.co.jp/contact/comment/